VUOI CONOSCERE LE MIGLIORI 212 RICETTE DI MARE ?

QUESTO COOKBOOK IN ITALIANO TI MOSTRA COME CUCINARE CIBI DI QUALITA'

How To Cook Fish? A Complete Cookbook With 212 Seafood Recipes. This Book Contains The Best Food Solutions.

(Italian Language Edition)

1 Sommario

3 LE MIGLIORI 212 RICETTE DI MARE ....

2 Manuale d'uso del robottino Bymbi.

2.1 Consigli utili per il funzionamento a Freddo

L'unica manopola da utilizzare per il funzionamento a freddo, è quella delle velocità. Simultaneamente sul **timer** compariranno i secondi che scorreranno in automatico non appena avrai selezionato la velocità desiderata. Un **dispositivo di sicurezza**, non ti permette di aprire il coperchio se la velocità non sarà posizionata sullo 0.

2.1.1.1 Bilancia

Per utilizzare la bilancia, il boccale deve essere **perfettamente** inserito nella sua sede e la manopola della velocità deve essere posizionata sullo 0.

Prima di pesare, premi il tasto bilancia: sul display compariranno tre 0. Da questo momento potrai pesare gli ingredienti in successione, fino ad un massimo di **2,5 Kg**. Ti consigliamo, per le piccole quantità, di inserire gli ingredienti molto lentamente per dare tempo ai sensori di attivarsi; così facendo otterrai esattamente il peso indicato dalla ricetta.

2.1.1.2 Velocità

Le velocità 1-2, servono esclusivamente per mescolare. Il
secondo cucchiaino (**velocità 2-3**), serve per montare.

Per tritare, macinare, grattugiare, ecc., si utilizzano le **velocità da 4 a turbo** e variano in funzione del tipo di alimento e del risultato che vuoi ottenere.

Quando la quantità degli ingredienti è poca, ti consigliamo di utilizzare **velocità non superiori a 8** e di far cadere gli ingredienti dal foro del coperchio sulle lame in movimento, perché la grande potenza che si sviluppa con le alte velocità, può far disperdere gli ingredienti sulle pareti del boccale e sul coperchio.

Utilizza direttamente il tasto turbo solo se nel boccale ci sono ingredienti solidi. Se vuoi sminuzzare o omogeneizzare alimenti solidi con liquidi, la velocità va portata lentamente da 1 a 9 e poi a turbo e il contenuto del boccale non deve essere superiore al litro.

Con la **velocità impasto** contrassegnata da una spiga, posizionata a destra della velocità 0, puoi ottenere impasti eccezionali.

La velocità "spiga" ti consentirà di impastare fino a 700 gr. di farina. Il suo funzionamento a intermittenza, riproduce l'impasto manuale ed evita il surriscaldamento del motore.

2.1.1.3 Consigli d'uso

Non forzare mai la leva di chiusura. Se l'apparecchio non si apre verifica che la manopola delle velocità sia correttamente posizionata sullo 0.

Leggi attentamente le pagine seguenti in cui sono riportate le preparazioni di base.
Bimby ha molteplici usi e solo la perfetta conoscenza degli stessi ti permetterà di sfruttarlo nel migliore dei modi.
Durante la preparazione delle ricette incontrerai questi simboli:
M minuti S secondi T temperatura V velocità I ingredienti

2.1.1.4 Contenuto di 1 misurino

Gli ingredienti si possono dosare sia con la bilancia che con il misurino.
Acqua, latte 100 grammi = 1 decilitro
Olio 90 grammi
Zucchero 100 grammi
Farina 55 grammi
Fecola 80 grammi

Pangrattato 40 grammi
Riso 80 grammi
Parmigiano 50 grammi

2.1.2 Bimby trita

Ricordati:
- che le piccole quantità dovranno essere introdotte dal foro del coperchio
- che il volume degli ingredienti non dovrà mai superare la metà del boccale e sulle lame in movimento a V 6.

2.1.3 Prezzemolo - Basilico Aromi vari

Prezzemolo e aromi lavati e asciugati nella quantità desiderata (non meno di 20 gr.). Inserisci nel boccale dal foro del coperchio con lame in movimento V 6, una manciata per volta dell'aroma che desideri tritare e continua fino ad esaurimento degli ingredienti. Aspetta 10 S ancora prima di fermare l'apparecchio.
Vi consiglio di tritare discrete quantità, per poterle poi conservare nel congelatore e utilizzarle quando necessitano. Puoi anche conservarli in frigorifero coperti di olio e se ti piace, aromatizzarli con uno spicchio di aglio. Le piccolissime quantità, si possono invece tritare contemporaneamente agli altri ingredienti della ricetta che desideri preparare.

2.1.4 Carote Cipolle Sedano

Da 50 gr. a 500 gr. della verdura prescelta, lavata e tagliata grossolanamente. Inserisci la verdura prescelta nel boccale e tritala: da 10 a 30 S a V 4, a seconda della quantità e del trito desiderato.

2.1.5 Verdure Miste

400 gr. di verdure miste lavate e strizzate.
Inserisci nel boccale le verdure, alternando quelle in foglia a quelle in pezzi e tritale: da 6 a 10 S a V 3 a seconda del trito desiderato. Potrai così utilizzarle per un ottimo minestrone.

2.1.6 Per cominciare

2.1.6.1 Trito per gratin

1 panino raffermo, 1 spicchio di aglio, prezzemolo, rosmarino e altri aromi a piacere. Inserisci il tutto nel boccale: 20 S da V 4 a turbo.

2.1.6.2 Carne cruda/cotta

Carne magra priva di nervi e pellicine nella quantità desiderata.
Taglia la carne a cubetti e falla cadere 100 gr. per volta dal foro del coperchio, con lame in movimento a V 8. Spegni immediatamente dopo aver inserito l'ultimo cubetto e toglila. Ripeti l'operazione fino ad esaurimento della quantità desiderata. Puoi utilizzare anche cubetti di carne congelata, senza attendere il perfetto scongelamento.In questo caso la carne potrà essere anche leggermente grassa.

2.1.6.3 Prosciutto - Mortadella - Salumi vari

Prosciutto o altro nella quantità desiderata.
Inserisci i salumi dal foro del coperchio, con lame in movimento a V 5 per il tempo necessario a seconda della quantità.

2.1.6.4 Ghiaccio

Da 100 a 700 gr. di cubetti.
Inserisci i cubetti nel boccale e tritali a V 6 da 5 S a 20 S. Il tempo può variare in funzione della quantità.

2.1.6.5 Grattugia, macina e polverizza

Ricordati che per una perfetta riuscita il boccale dovrà essere sempre perfettamente asciutto e che il volu-me degli ingredienti non dovrà mai superare la metà del boccale.

2.1.6.6 Pane secco e raffermo

Fino a 300 gr. di pane secco o raffermo.
Inserisci il pane a pezzetti nel boccale: 10 S a V 4 dando contemporaneamente alcuni colpi di V turbo.
Il tempo necessario sarà in funzione della quàntità e della finezza desiderata.

2.1.6.7 Parmigiano

Fino a 300 gr. di parmigiano privo di crosta.
Inserisci il parmigiano a cubetti nel boccale: 10 S aV 4 dando contemporaneamente alcuni colpi di V turbo. Il tempo necessario sarà in funzione della quantità.

2.1.6.8 Caffè

Fino a 250 gr. di caffè in grani.
Inserisci il caffè nel boccale e macinalo per 1 M aV 8 e 1 M a V turbo. Il tempo può variare a seconda se utilizzi la moka o la macchina espresso.

2.1.6.9 Mandorle - Noci - Frutta secca

Fino a 300 gr. di frutta secca.
Inserisci l'ingrediente che desideri macinare nel boccale: 30 S portando lentamente la V da 4 a turbo.

2.1.6.10 Cioccolato

Fino a 300 gr. di cioccolato a pezzi.
Inserisci il cioccolato nel boccale: da 5 a 30 S a V 8 a seconda della quantità. .

2.1.6.11 Zucchero

Fino a 300 gr di zucchero.
Inserisci lo zucchero nel boccale: da 10 a 30 S aV turbo a secondo della quantità.

2.1.6.12 Riso

Fino a 200 gr. di riso.
Inserisci il riso nel boccale e polverizzalo per 2 M a V turbo.

2.1.6.13 Legumi e cereali

Fino a 200 gr. di legumi (mais frumento avena tapioca lenticchie ceci ecc.). Inserisci il legume o il cereale prescelto nel boccale e polverizzalo a V turbo, per 2 o 3 M. Il tempo può variare a seconda della quantità e della qualità del cereale.

2.1.7 *Bimby frulla omogeneizza*

Ricordati che per omogeneizzareè necessario prima utilizzare V basse (4-5) e poi passare a V 9 o Turbo.

2.1.7.1 Bibite integrali

La base per una buona bibitaè 1 limone, zucchero, ghiaccio a piacere, e della buona frutta. Pela a vivo la frutta, privala dei semi e mettila nel boccale con il ghiaccio il limone e lo zucchero. Omogeneizza per 30 S a V 6 e 1 M aV Turbo. Unisci la quantità di acqua che desideri e mescola per 4 M a V 3. Volendo, col cestello, si possono filtrare i minimi residui.

2.1.7.2   Bibite filtrate

1 mela o altra frutta a piacere, 1 gambo di sedano, 1 limone pelato a vivo e 1 carota, 70 gr.di zucchero, 600 gr. di acqua, 6 cubetti di ghiaccio.
Inserisci nel boccale zucchero e ghiaccio e tritalo a V 5 per 5 S. Aggiungi la frutta: 3 S a V 5 poi l'acqua e mescola per 2 M a V 3. Filtra con il cestello
e servi.

2.1.7.3   Frullati

La proporzione degli ingredientiè uguale a quelli delle bibite.
In questo caso dovrai prima tritare lo zucchero e il ghiaccio: 6 S V 6. Aggiungi poi la frutta e il limone: 30 S a V 6, e unisci poca acqua: 30 S a V Turbo.

2.1.8   *Bimby emulsiona*

Emulsionare significa, portare in sospensione di un liquido minutissime particelle di altre sostanze, creando così una "emulsione". Ricordati che si ottiene un risultato eccellente versando i liquidi dal foro del coperchio tenendo il misurino leggermente inclinato.

2.1.8.1   Frappé

200 gr. di frutta matura, 6 cubetti di ghiaccio, 1/2 mis. di zucchero, 4 mis.di latte magro.
Inserisci nel boccale lo zucchero il ghiaccio e la frutta: 10 S a V 8. Posiziona la farfalla, porta la V a 2-3 e aggiungi il latte dal foro del coperchio tenendo il misurino inclinato.

2.1.8.2   Maionese

1 uovo intero e 1 tuorlo, 3 mis. di olio di semi, succo di 1/2 limone, sale q.b. Inserisci nel boccale uova limone e sale: 45 S aV 4 versando l'olio a filo dal foro del coperchio con il misurino leggermente inclinato.

2.1.8.3   Crèpes

4 uova, 200 gr. di farina, 1/2 lt. di latte, 50 gr. di burro morbido.
Inserisci tutti gli ingredienti nel boccale: 20 S a V 5. Prima di utilizzarlo lascia riposare il composto in una ciotola per 1/2 ora.

2.1.9   *Bimby monta*

Ricordati: di utilizzare la FARFALLA per facilitare questa operazione e di usare sempre alimenti freschissimi.

2.1.9.1   Albumi a neve

Da 2 a 6 albumi, 1 pizzico di sale fino.
Disponi la farfalla sulle lame del boccale perfettamente pulito e inserisci gli albumi: da 2 a 3 M a V 2-3, a seconda del numero degli albumi. Fai attenzione che non ci siano residui di tuorlo e imposta per un migliore risultato, la temperatura a 40 C. Il tempo necessario sarà sempre in funzione della quantità degli albumi.

2.1.9.2   Panna montata

Da 200 a 600 gr. di panna fresca e ben fredda. Raffredda il boccale in frigorifero. Disponi la farfalla sulle lame e inserisci la panna: da 45 a 90 S a V 2-3. Controlla la densità e, se necessario, aumenta il tempo di pochi secondi. Non usare panna a lunga conservazione e non superare mai V 3, altrimenti la panna si smonta. Puoi ottenere un ottimo risultato, utilizzando anche panna vegetale.

2.1.9.3   Burro

Da 200 a 600 gr. di panna fresca.

Nel boccale ben freddo disponi la farfalla e aggiungi la panna: 2 M a v 2-3. Aggiungi acqua fredda, mescola per alcuni S a V 1, poi scola il burro venuto a galla, usando il cestello. Conservalo in frigorifero. Puoi insaporirlo a scelta con sale, basilico, erba cipollina o rucola precedentemente tritati.

2.1.10   Bimby manteca

Mantecare significa rendere una preparazione morbida e omogenea. Bimby, grazie alla potenza del motore ci dà la possibilità di ottenere istantaneamente sorbetti o gelati partendo da ingredienti ghiacciati. I sorbetti sono a base di ghiaccio, zucchero, limone e altra frutta a piacere. I sorbettoni sono a base di frutta congelata, zucchero a velo e 1 limone. I gelati di frutta sono a base di latte congelato, frutta congelata, zucchero a velo e 1 limone.

2.1.10.1   Sorbetto di limone

700 gr. di ghiaccio, 2 limoni pelati a vivo e privati dei semi, 200 gr. di zucchero.
Fai lo zucchero a velo per 30 S a V Turbo. Inserisci prima i limoni, poi il ghiaccio: 1 M da V 5 a Turbo, spatolando. A piacere sostituisci i limoni con altra frutta.

2.1.10.2   Sorbettone di frutta mista

700 gr. di frutta mista congelata a pezzi, 1 limone pelato a vivo senza semi e 200 gr. di zucchero.
Togli la frutta dal freezer qualche minuto prima di utilizzarla. Fai lo zucchero a velo: 30 S a V Turbo. Unisci il limone e la frutta: 40 S a V 7, 20 S a V 4 e 20 S a V Turbo, spatolando.

2.1.10.3   Gelato di fragole

300 gr. di fragole congelate, 500 gr. di latte congelato a cubetti, 100 gr. di zucchero, succo di limone.
Togli la frutta dal freezer 5 S prima di utilizzarla. Fai lo zucchero a velo: 20 S a V Turbo. Unisci le fragole e il latte: 40 S a V 7 e 20 S a V 4, spatolando. Bimby impasta

2.1.11   Impasti base per pane pizza focacce

Ricordati: che per gli impasti con lievito di birra, sia dolci che salati, avrai un ottimo risultato, utilizzando la velocità spiga. Il quantitativo massimo di farina non dovrà superare i 700 gr. La velocità di esecuzione consentirà comunque di impastare in un'ora 10 Kg. di farina. L'impasto migliora se il lievito viene sciolto in liquidi tiepidi; la temperatura comunque non dovrà mai superare i 40 C, per non togliere i principi attivi del lievito di birra.

2.1.11.1   Pasta per pane o pizza

500 gr. di farina, 1 cubetto di lievito di birra, 200 gr. di acqua, 100 gr. di latte, 1 cucchiaio d'olio e sale q.b.
Inserisci nel boccale l'olio, il lievito, l'acqua, il latte tiepido e il sale: 5 S a V 6. Aggiungi la farina: 20 S a V 6 e 1 M a V Spiga. Lascia lievitare l'impasto coperto per circa 1/2 ora, prima di utilizzarlo.

2.1.11.2   Pasta per pizza gigante

700 gr. di farina, 1 cubetto di lievito di birra, 300 gr. di acqua, 100 gr. di latte, 2 cucchiai d'olio e sale q.b.
Inserisci nel boccale l'olio, il lievito, l'acqua, il latte tiepido e il sale: 5 S a V 6. Aggiungi dall'alto a pioggia, la farina: 30 S a V 6 e 1 M e 1/2 a V Spiga. Lascia lievitare l'impasto coperto per circa 1/2 ora, prima di utilizzarlo.

2.1.12   Impasti base per tagliatelle ravioli

Ricordati: che il rapporto 100 gr. di farina, 1 uovo è perfetto utilizzando uova da 60 gr. Per eventuali correzioni della consistenza dell'impasto, aggiungi un cucchiaino di farina o un cucchiaino di acqua dal foro del coperchio con lame in movimento. L'aggiunta dell'olio di oliva è facoltativa e serve a rendere più elastico l'impasto.
Prima di stendere l'impasto, lascialo sempre riposare 15 M avvolto in un canovaccio.

2.1.12.1   Pasta all'uovo

3 uova, 300 gr. di farina, 1 cucchiaino d'olio.
Inserisci tutti gli ingredienti nel boccale: 20 S a V 6. E' ottima per tagliatelle, lasagne, ravioli, ecc...

2.1.12.2   Pastina per brodo

1 uovo, 130 gr. di farina.
Inserisci nel boccale 100 gr. di farina e l'uovo: 10 S a V 3. Con lame in movimento a V 5 aggiungi i restanti 30 gr. di farina e ferma l'apparecchio dopo 2 S. Versa la pastina su un canovaccio e lasciala asciugare. Se una parte dell'impasto rimane attaccato alle pareti, staccalo con la spatola e ripeti l'operazione con un poco di farina.

2.1.13   Impasti per torte

Sono i più semplici e potrai utilizzare le tue ricette personali.

2.1.13.1   Impasti base per crostate - quiche - vol-au-vent

Ricordati: che per gli impasti a base di farina con magarina o burro è importante utilizzare tali ingredienti a temperatura ambiente. Prima di utilizzare questi impasti lasciali sempre riposare per 15 M in frigorifero, avvolti in in canovaccio o in carta forno.

2.1.13.2   Pasta brisé

250 gr. di farina, 100 gr. di burro morbido, 1/2 mis. abbondante di acqua fredda, sale q.b. Inserisci nel boccale prima la farina poi gli altri ingredienti e impasta per 15 S aV 6. Avvolgi l'impasto in un canovaccio e lascialo in frigorifero per 15 M, prima di utilizzarlo. E' un'ottima base per torte salate.

2.1.13.3   Pasta Frolla

300 gr. di farina, 130 gr. di burro morbido, 1 uovo intero e 1 tuorlo, 3/4 di mis. di zucchero, scorza di limone (già grattugiata), 1 pizzico di sale e ½ cucchiaino di lievito vanigliato (facoltativo).
Inserisci tutti gli ingredienti nel boccale e impasta per 25 S a V 7. Avvolgi l'impasto in un canovaccio e lascialo in frigorifero per 15 M prima di utilizzarlo. E' un'ottima base per crostate.

2.1.13.4   Pasta sfoglia

150 gr. di burro congelato a pezzi, 150 gr. di farina, 3/4 di mis. di acqua gelata e 1 pizzico di sale.
Inserisci tutti gli ingredienti nel boccale: 15 S a V 6. Stendi la pasta in un rettangolo e ripiegala in 3 parti. Ripeti la stessa operazione altre 3 o più volte (per ogni lato del rettangolo), tirando ogni volta la pasta con il mattarello. E' ottima per la preparazione di vol-au-vent, cannoncini, ecc...

2.1.13.5   Pan di spagna

6 uova, 250 gr. di farina, 250 gr. di zucchero, 1 bustina di vanillina, 1 bustina di lievito e 1 pizzico di sale.

Fai lo zucchero a velo: 20 S a V Turbo. Unisci le uova: 20 S a V 4. Versa attraverso il foro del coperchio con lame in movimento V 7 la farina, la vanillina, il sale e per ultimo il lievito: 40 S a V 7. Versa in una tortiera e cuoci in forno per 10 M a C 160, 15 M a C. 180 e 15 M a 200 C. E' un'ottima base per le torte farcite.

Se sei golosa, vai a pagina 83: troverai tante belle ricette.

2.1.14 Bimby cuoce

2.1.14.1 Nel Boccale

a V 1 o 2 per il rimescolamento degli ingredienti, senza tritarli. Da V 3 in poi trita anche gli ingredienti.

2.1.14.2 Nel Boccale Con Farfalla

a V 1 o 2 per il rimescolamento degli ingredienti delicati, o delle grandi quantità, e per montare determinate preparazioni.

2.1.14.3 Nel Boccale Con Cestello

a V 4 per cotture differenziate.

2.1.14.4 Nel Varoma

per la cottura a vapore, utilizzando il VAROMA con o senza vassoio. Per addensare sughi, marmellate ecc.

2.2 Consigli utili per il funzionamento a caldo

2.2.1 Temperature

Per il funzionamento a caldo, dovrai utilizzare 2 manopole: quella della velocità, quella della temperatura e il tasto del display per predeterminare il tempo. Si possono selezionare temperature dai 40 C ai 100 C. La temperatura Varoma va utilizzata per le cotture a vapore e per addensare.

L'esclusivo sistema di cottura di Bimby, ti consente la più ampia gamma di utilizzo:

- selezionando una temperatura dai **40 ai 60 C**, puoi intiepidire preparazioni o fondere alimenti delicati come il cioccolato.

- selezionando temperature dai **70 ai 90 C**, puoi ottenere preparazioni perfette come la fonduta, la crema inglese o lo zabaione, che non tollerano temperature più elevate.

- selezionando la temperatura di **100 C**, infine, puoi soffriggere e cuocere, con la sicurezza che la temperatura selezionata rimarrà costante per tutta la durata della cottura. Se durante la cottura il liquido dovesse fuoriuscire dal foro del coperchio, abbassa la temperatura a 90 C.

- selezionando la temperatura **Varoma**, otterrai più produzione di vapore e questo ti consentirà di sfruttare al massimo le potenzialità di Bimby. Si consiglia di posizionare il VAROMA sul coperchio quando gli ingredienti nel boccale avranno raggiunto l'ebollizione.

2.2.2 Velocità

In cottura, le **velocità 1 o 2**, si usano per un rimescolamento più o meno lento.

Le **velocità da 3 a 6**, si usano per potere contemporaneamente tritare, emulsionare o amalgamare.

- Durante il funzionamento a caldo e soprattutto con liquidi in ebollizione, non dovrai mai **utilizzare velocità superiori alla velocità 6**. Per una legge fisica, abbinare la pressione del vapore alla forte potenza rotatoria delle lame, può provocare la fuoriuscita di liquido bollente.

L'eventuale omogeneizzazione degli ingredienti va fatta a freddo. MAI durante o alla fine della cottura.

Alla fine della cottura con Varoma togli immediatamente il Varoma; prima di fermare l'apparecchio aspetta alcuni secondi, prima di aprire il coperchio del boccale.

I tempi di cottura indicati nelle ricette, sono sempre indicativi e potranno variare in funzione della qualità degli ingredienti e del gusto personale.

Ricordati sempre che con Bimby si può fare tutto e non dovrai cambiare le tue abitudini culinarie ma le potrai solo migliorare.

Prima di incominciare a cucinare pensa: Bimby farà questa ricetta per me?...Sicuramente sì... provala!

8 Le Migliori 212 Ricette di mare

8.1 Libro del pesce

8.1.1.1 Crema Di Vongole E Pomodoro

Ingredienti: 1 kg. Di vongole grosse; 1 kg. Di brodo di pesce; 450gr. di pomodori pelati; 30gr. di burro; 30gr. di farina; peperoncino e sale q.b.

Procedimento: mettere le vongole nel Varoma. Mettere nel boccale, prima la farina e il burro (2' a 100° VEL.4) e poi i pomodori e il peperoncino (1' Vel.4). Aggiungere il brodo, posizionare il *Varoma* sul coperchio e cuocere per 15' a temp. Varoma, Vel.1. Quando le vongole si saranno aperte, estrarre il frutto e unirlo al sugo (30'' Vel.1). Servire la crema con crostini di pane.

8.1.1.2 Cozze Ripiene

Ingredienti: 20 cozze; 100gr. di mortadella; 100gr. di pangrattato; 100gr. di salame piccante; 100gr. di auricchio; 100gr. di fontina; 100gr. di formaggio pecorino grattugiato; 2 uova; 250gr. di pomodori pelati; 50gr. di olio; 100gr. di porri.

Procedimento: mettere nel boccale il salame e tritare per 5'' Vel.4. Aggiungere i formaggi e la mortadella (5'' Vel.4). Infine aggiungere le uova, il pangrattato e il pecorino e impastare per 20'' Vel.4. togliere il composto dal boccale. Inserire nel boccale olio, porri e soffriggere 3' 100° Vel.4. Aggiungere i pelati e cuocere 15' 100° Vel.1. Aprire le cozze con un coltello lasciando le valve attaccate da un lato. Riempire con l'impasto. Posizionare la farfalla. Aggiungere al sughetto le cozze e cuocere 10' 100° Vel.1 Lasciare riposare in una zuppiera e guarnire con prezzemolo.

8.1.1.3 Sugo Alle Vongole Veraci

Ingredienti: 800gr. di vongole veraci; 100gr. di olio di oliva; 150gr. di pomodorini; 500gr. di spaghetti; aglio; prezzemolo; sale e pepe q.b.

Procedimento: mettere nel boccale 100gr. di olio con uno spicchio di aglio e poco prezzemolo (3' 100° Vel.3); unire i pomodorini, salare e inserire nel boccale il cestello riempito con le vongole precedentemente lavate (15', 100° Vel.1). Cuocere la pasta al dente, versarla su un piatto da portata e cospargerla con il sugo alle vongole. Aggiungere il prezzemolo tritato e il pepe macinato al momento. S può aggiungere alle vongole anche qualche scampo: il sugo sarà ottimo anche per condire le linguine.

8.1.1.4 Tagliatelle Con Zucchine E Cozze

Ingredienti: 200gr. di tagliatelle all'uovo; 350gr. di zucchine; 800gr. di cozze; 100gr. di cipolla; 1 scalogno; 100gr. di olio; 500gr. di acqua; prezzemolo; basilico; sale e pepe q.b.

Procedimento: versare l'acqua nel boccale, posizionare il *Varoma* sul coperchio, dopo averlo riempito con le cozze, e cuocere per15' a temp. Varoma, Vel.1. Quando le cozze si saranno aperte, togliere il frutto. Buttare il liquido conservandone 2 misurini. Asciugare il boccale e tritare il prezzemolo (20'' Vel.4); aggiungere la cipolla, lo scalogno e l'olio e soffriggere per 3' a 100° Vel.4. Dopo aver posizionato la farfalla, versare le zucchine tagliate a listerelle e i due misurini di acqua e far insaporire per 5' a 100° Vel.1. Unire il frutto delle cozze e cuocere per 3' a 100° Vel.1. Nel frattempo cuocere le tagliatelle, condirle con questo sugo e profumarle con basilico fresco.

8.1.1.5 Tubettini Con Cozze In Bianco

Ingredienti: 200gr. di tagliatelle all'uovo; 350gr. di zucchine; 800gr. di cozze; 100gr. di cipolla; 1 scalogno; 100gr. di olio; 500gr. di acqua; prezzemolo; basilico; sale e pepe q.b.

Procedimento: versare l'acqua nel boccale, posizionare il *Varoma* sul coperchio, dopo averlo riempito con le cozze, e cuocere per15' a temp. Varoma, Vel.1. Quando le cozze si saranno aperte, togliere il frutto. Buttare il liquido conservandone 2 misurini. Asciugare il boccale e tritare il prezzemolo (20'' Vel.4); aggiungere la cipolla, lo scalogno e l'olio e soffriggere per 3' a 100° Vel.4. Dopo aver posizionato la farfalla, versare le zucchine tagliate a listerelle e i due misurini di acqua e far insaporire per 5' a 100° Vel.1. Unire il frutto delle cozze e cuocere per 3' a 100° Vel.1. Nel frattempo cuocere le tagliatelle, condirle con questo sugo e profumarle con basilico fresco.

8.1.1.6 Aragosta In Bellavista

Ingredienti: 1 kg. Di aragosta (2 da 500 grammi); 30gr. di cipolla; 50gr. di carota; 50gr. di sedano; 4 uova; 1 dose di maionese; 6 pomodorini; 20gr. di Ketchup; 10gr. di salsa Worcester; 1 limone; 1 bustina di gelatina; lattuga; 850gr. di acqua; sale e pepe q.b.

Procedimento: preparare la maionese (ricetta base). Mettere nel boccale 600gr. di acqua, due pomodorini, il sedano, la carota, la cipolla, il sale; sul coperchio posizionare il Varoma, in cui si sono adagiate le due aragoste e le uova; e cuocere per 30' a temp. *Varoma* Vel.1. Quando le aragoste si sono raffreddate, sgusciarle e tagliare la polpa a rondelle. Mettere nel boccale 250gr. di acqua e una bustina di gelatina e cuocere per 5' 100° Vel.3; unire quindi il succo di limone. Tagliare le uova sode in due parti e separare i tuorli dall'albume. Mettere nel boccale pulito la maionese, la salsa Worcester e la salsa Ketchup (5'' Vel.4); unire i tuorli delle uova sode e amalgamare per 5'' a Vel.4. Versare questo composto in una tasca per dolci e spremerlo sui pomodori, precedentemente lavati, tagliati a metà e salati, e all'interno dei mezzi albumi sodi. Disporre le rondelle di aragosta sulla lattuga e intorno mettere le uova e i pomodori. Lucidare con la gelatina le rondelle e la testa dell'aragosta, e, prima di servire, guarnire con foglie di prezzemolo.

8.1.1.7 Ciambotto Pugliese

Ingredienti: 200gr. di gamberetti; 200gr. di scampi; 200gr. di moscardini (o polipetti); 200gr. di cicale di mare; ½ misurino di passata di pomodoro; 400gr. di acqua.

Procedimento: preparare un soffritto con l'olio, l'aglio e il prezzemolo (3', 100° Vel.4). Aggiungere la passata di pomodoro, il pesce e l'acqua e cuocere per 20' a 100° Vel.1. Servire il ciambotto brodoso, accompagnato da crostini di pane. Se si preferisce il ciambotto poco brodoso: togliere il pesce dal sugo e cuocervi 250gr. di tubettini per 8' a 100° Vel.- 1.

8.1.1.8 Zuppa Di Gamberi E Ceci

Ingredienti: 500gr. di gamberetti sgusciati; 500gr. di ceci già lessati; 30gr. di cipolla 30gr. di carota; 250gr. di ditalini; 500gr. di acqua.

Procedimento: tritare l'aglio, la cipolla e la carota (20'' Vel.4), aggiungere l'olio e soffriggere per 3' a 100° Vel.4. Dopo aver posizionato la farfalla unire i gamberetti e fare insaporire per 2' a 100° Vel.1. Mettere nel boccale l'acqua e i ceci già lessati, portare a ebollizione (5', 100° Vel.1), quindi buttare la pasta e cuocere per 9' a 100° Vel.1. Aggiustare sale e pepe e servire la zuppa calda.

8.1.1.9 Pennette Alla Golosa

Ingredienti: 500gr. di penne; 350gr. di gamberetti sgusciati; 1 spicchio d'aglio; 300gr. di piselli primavera; 1 gambo di sedano; prezzemolo; 4 foglie di basilico; 1 mis. Di parmigiano; 30gr. di cipolla o scalogno; 6 pomodorini pelati; 20gr. di olio; 30gr. di burro; peperoncino e sale q.b.

Procedimento: tritare l'aglio, il prezzemolo, il sedano, la cipolla, il basilico e il peperoncino: 10'' Vel.4. Aggiungere l'olio e soffriggere per 3' a 100° Vel.3. Dopo aver posizionato la farfalla, aggiungere i piselli e cuocere per 6' a 100° Vel.1. Unire i gamberetti: 5', 100° Vel.1. A cottura ultimata togliere il sugo dal boccale e senza lavarlo, mettere l'acqua e il sale e portare a ebollizione: 10', 100° Vel.1. Cuocere la pasta (10', 100°, Vel.1), scolarla e condirla con il sugo. Spolverizzare di parmigiano grattugiato e servire.

8.1.1.10 Scampi Ai Funghi

Ingredienti: 500gr. di scampi; 500gr. di funghi coltivati; 50gr. di olio; 10gr. di brodo (acqua e dado Bimby); 50gr. di aceto; 2 spicchi di aglio; 2 pomodori pelati; 30gr. di farina; sale e pepe q.b.; foglie di lattuga per guarnir e.

Procedimento: lavare e tagliare a fette sottili i funghi. Tritare l'aglio (5'' Vel.5), aggiungere l'olio e soffriggere per 3' a 100° Vel.1. Posizionare la farfalla, unire gli scampi, farli cuocere per 15' a 100° Vel.1, e metterli da parte. Lasciando inserita la farfalla, mettere nel boccale i funghi e il brodo, preparato con acqua e dado Bimby (10', 100° Vel.1); aggiungere l'aceto, la farina e un pizzico di zucchero (3' 100° Vel.1). Adagiare gli scampi sulle foglie di lattuga, precedentemente disposte sui piatti, e coprirli con la salsa ai funghi ancora bollente.

8.1.1.11 Linguine Agli Scampi

Ingredienti: 500gr. di code di scmpi; 50gr. diolio; 1 scatola di pomodoro a pezzetti: 1 spicchio d'aglio; 100gr. di cipolla; 50gr. di panna da cucina; 50gr. di vino bianco e brandy; un ciuffo di prezzemolo; peperoncino a piacere.

Procedimento: soffriggere nell'olio l'aglio e la cipolla (3' 100° Vel.4); aggiungere le code degli scampi e cuocere per 3' a 100° Vel.1, versando, di tanto in tanto, il brandy e il vino. Unire poi i pomodori e il sale (20', 100° Vel.1) e, 2' prima del termine della cottura, incorporare la panna e il peperoncino. Con questo sugo condire le linguine e servire con abbondante prezzemolo tritato.

8.1.1.12 Trenette Con Polpa Di Granchio

Ingredienti: 150gr. di trenette; 100gr. di polpa di granchio; 200gr. di zucchine; 100gr. di salsa di pomodoro; 1 spicchio d'aglio; 1 litro e ¼ di brodo di pesce ; maggiorana; sale e pepe q.b.

Procedimento: tritare nel boccale la polpa di granchio per 10'' Vel.3 e metterla da parte. Sminuzzare l'aglio e la maggiorana (20'' Vel.3), aggiungere il brodo di pesce e cuocere per 10' a 100° Vel.1. Unire prima le zucchine tagliate a dadini (5', 100° Vel.1); e poi le trenette tagliate in 3 parti, e la polpa di granchio (9' 100° Vel.1). Servire la minestra calda dopo averla salata.

8.1.1.13 Crespelle Con Gamberetti In Salsa Tonnata

Ingredienti: il ripieno: 300gr. di gamberetti freschi; 1 dose di salsa tonnata; salsa Worcester; prezzemolo; 500gr. di acqua.

Procedimento: preparare la pastella per le crespelle secondo la ricetta base e lasciarla riposare per circa 30'. Nel frattempo dedicarsi al ripieno. Preparare la salsa tonnata (ricetta base) aggiungendo, alla fine, poche gocce di salsa Worcester e versarla in una ciotola. Mettere l'acqua nel boccale e immergervi il cestello riempito con i gamberetti: 10' 100° Vel.3. Sgusciare i gamberetti, farli raffreddare e unirli alla salsa tonnata. In una apposta padella far riscaldare il burro, versarvi qualche cucchiaiata di pastella e lasciare dorare da una parte, rigirare e far dorare anche dall'altra. Procedete così fino a esaurimento della pastella. Queste le crepes si sono raffreddate farcirle con il ripieno, arrotolarle e disporle su un piatto da portata.

8.1.1.14 Trofie Alla Salsa D'estate

Ingredienti: 500gr. di trofie; 200gr. di gamberetti; 500gr. di pomodoro; 100gr. di ricotta marzoica; 30gr. di olio d'oliva; pesto alla genovese; olive bianche snocciolate; basilico; sale q.b.

Procedimento: mettere nel boccale i pomodori, l'olio, il basilico e il sale, tritare grossolanamente 10'' Vel.3 e mettere da parte. Preparare poi il pesto (secondo la ricetta base). Mettere 500gr. d'acqua nel boccale (dopo averlo lavato), immergervi il cestello riempito con i gamberetti e cuocere per 10' a 100° Vel.4. Sgusciare i gamberetti. Far bollire nel boccale 1 litro e ½ di acqua (12' 100° Vel.1) quindi buttare la pasta e cuocerla per 5' a 100° Vel.1. Una volta cotta versarla in una zuppiera e condirla con il pesto, le olive tagliate a rondelle, la ricotta grattugiata e i gamberetti. Prima di portarla a tavola guarnire con foglie di basilico.

8.1.1.15 Risotto Con Gamberi E Gorgonzola

Ingredienti: 500gr. di riso; 300gr. di gamberetti già sgusciati; 50gr. di burro; 20gr. di cipolla; 1 spicchio di aglio; 1 mis. Di vino bianco; 1 litro di acqua; dado; 100gr. di gorgonzola e mascarpone; prezzemolo; pepe q.b.

Procedimento: mettere, con le lame in movimento l'aglio e la cipolla nel boccale: 10'' Vel.4, aggiungere il burro e soffriggere per 3' a 100° Vel.1. Posizionare la farfalla, versare il riso, il vino e i gamberetti e far tostare per 2' a 100° Vel.1. Aggiungere il brodo (acqua e dado) e continuare la cottura per 20' a 100° Vel.1. Durante l'ultimo minuto inserire il gorgonzola, versare il risotto nella risottiera e guarnire con il prezzemolo e il pepe.

8.1.1.16 Scampi In Salsa Piccante

Ingredienti: 24 scampi; 50gr. di olio di semi; 100gr. di olio d'oliva; peperoncino; 8 spicchi d'aglio; 1 limone; alloro.

Procedimento: tritare nel boccale 5 spicchi di aglio per 30'' Vel.5, aggiungere l'olio d'oliva, qualche goccia di succo di limone e il sale: 30'' Vel.5. Si ottiene una salsina omogenea che va messa da parte. Privare gli scampi della testa. Soffriggere nel boccale, senza lavarlo, i rimanenti spicchi d'aglio, il peperoncino e l'alloro nell'olio di semi (3' a 100° Vel.4). Unire gli scampi e far cuocere per 10' a 100° Vel.1. Aggiungere ancora qualche goccia di succo di limone e qualche cucchiaiata di salsina e amalgamare per 10'' a Vel.1. Adagiare gli scampi su un piatto da portata e servirli con la salsina rimasta.

8.1.1.17 Coda Di Rospo O Pescatrice Al Vino Bianco

Ingredienti: 4 tranci di coda di rospo; 250gr. di vino bianco; 500gr. di pomodori pelati; 100gr. di copolla; prezzemolo; timo; maggiorana, sale e pepe q.b.

Procedimento: affettare la cipolla sottile e tagliare grossolanamente i pomodori. Mettere nel varoma, dopo averlo unto di olio, un po' di cipolle, una parte dei pomodori, il sale, il pepe, il timo, la maggiorana e adagiarvi i tranci di coda di rospo. Coprire il pesce con le cipolle e i pomodori rimasti. Mettere nel boccale il vino, posizionare il *varoma* sul coperchio e cuocere per 30' a temp. VAroma, Vel.1. Per far insaporire ancora di più il pesce si può travasarlo in una pirofila da forno, aggiungere il liquido di cottura e infornare per 10' a temp. 180°.

8.1.1.18 Filetti Di Rombo Alla Salsa Di Funghi

Ingredienti: 2 filetti di rombo; 200gr. di funghi; 30gr. di cipolla; 1 spicchio di aglio; 50gr. di sedano; 50gr. di carota; prezzemolo; 250gr. di polpa di pomodoro; 1 mis. di polpa di pomodoro; 1 mis. di olio d'oliva; origano; sale e pepe q.b.

Procedimento: Ungere di olio il *Varoma* e il vassoio e adagiare su ciascuno un filetto di rombo. Nel boccale tritare la carota, la cipolla, l'aglio, il sedano e il prezzemolo: 30'' Vel.4. Aggiugnere l'olio e soffriggere per 4' a 100° Vel.1. Posizionare la farfalla e unire i funghi, la polpa di pomodoro, l'origano, il sale e il pepe. Posizionare il *Varoma* sul coperchio e cuocere per 20' a temp. Varoma, Vel.1. Adagiare i filetti di rombo su un piatto da portata e condire con la salsa ai funghi.

8.1.1.19 Orata Farcita Con Zuppa Di Patate

Ingredienti: 1 kg. di orata; 50gr. di cipolla; 40gr. di olio o burro; 200gr. di funghi; 100gr. di vino bianco; 70gr. di pane raffermo; 50gr. di latte; 1 uovo intero; prezzemolo e rosmarino; alloro; sale e pepe. Per la zuppa di patate: 50gr. di cipolla; 40gr. di olio; 200gr. di polpa di pomodoro; 600gr. di acqua; 800gr. di patate; origano; sale q.b.

Procedimento: soffriggere nel boccale la cipolla con l'olio per 3' a 100° Vel.4, unire prima i funghi, il prezzemolo e il rosmarino 5", Vel.4 e poi il vino per 10' 100° Vel.1. Aggiungere il pane, il latte, l'uovo, il sale e il pepe: 10", Vel.4. Togliere la lisca all'orata e farcirla con questo composto, poi adagiarla nel *Varoma* con le foglie di alloro. Senza lavare il boccale, soffriggere la cipolla nell'olio per 3' a 100°, Vel.4 e versare la polpa di pomodoro: 10", Vel.5. Posizionare la farfalla. Mettere nel boccale l'acqua e portarla a ebollizione 10', 100° Vel.1, quindi aggiungere le patate tagliate a pezzetti e il sale. Posizionare il *Varoma* sul coperchio e cuocere per 30' temp. Varoma, Vel.1. A fine cottura adagiare l'orata e le patate condite con l'origano, su un piatto da portata e servire.

8.1.1.20 Dado Di Pesce

Ingredienti: 500gr. di pesce misto (gamberetti sgusciati, merluzzo, scampi, ecc); 300gr. di sale grosso.

Procedimento: lavare bene il pesce e lasciarlo sgocciolare, quindi metterlo nel boccale e tritare per 1' a Vel.6. Aggiungere il sale e cuocere per 29' a 100° Vel.1, quindi omogeneizzare per 1' a Vel.Turbo.

8.1.1.21 Risotto Con Filetti Di Pesce San Pietro E Carciofi

Ingredienti: 500gr. di riso; 3 carciofi; 3 filetti di pesce san pietro; 1 spicchio di aglio; 30gr. di cipolla; 1/2 mis. di olio di oliva; 1/2 mis. di vino bianco; 100gr. di panna; 1 litro di brodo; prezzemolo; dragoncello; sale e pepe q.b.

Procedimento: tagliare a fettine i carciofi e a pezzetti i filetti di pesce. Soffriggere nel boccale l'aglio, la cipolla e l'olio per 3' a 100° Vel.4. Posizionare la farfalla, versare i carciofi tagliati a fettine e i filetti di pesce San Pietro tagliati a pezzetti e rosolare per 5' a 100° Vel.1. Aggiungere il riso, bagnare con il vino bianco e farlo tostare per 5' a 100° Vel.1. Unire infine il brodo e cuocere per 20' a 100° Vel.1. Travasare il risotto in una zuppiera e amalgamare la panna e il dragoncello fresco. Guarnire con prezzemolo tritato.

8.1.1.22 Crema Delicata Di Branzino Al Dragoncello

Ingredienti: 600gr. di filetti di branzino; 30gr. di carota; 30gr. di sedano; 30gr. di scalogno; 1 foglia di alloro; 4 grani di pepe rosa; 30gr. di vino bianco; 1 tuorlo d'uovo; 600gr. di acqua; 60gr. di panna; salvia; succo di limone; dragoncello; sale e pepe q.b.

Procedimento: adagiare i filetti di branzino nel *Varoma* precedentemente unto di olio. Mettere nel boccale la carota, il sedano, lo scalogno e tritare per 30'' a Vel.5 poi aggiungere l'acqua e immergervi il cestello riempito con l'alloro, la salvia, il prezzemolo e il pepe. Sistemare il *Varoma* sul coperchio e cuocere per 30' a temp. Varoma, Vel.2. Estrarre il cestello e mettere nel boccale la panna, i tuorli d'uovo, il sale, il pepe, i pezzetti di filetto di branzino cotti a vapore, il succo di limone e il dragoncello: 10' 100° Vel.3. Travasare la crema in una zuppiera e servirla accompagnata da crostini di pane.

8.1.1.23 Risotto Al Branzino

Ingredienti: 500gr. di riso; 400gr. di polpa di branzino; 30gr. di cipolla; 1 spicchio di aglio; 2 filetti di acciuga; ½ mis. Di vino bianco; ½ mis. Di olio; 100gr. di panna; 1 lt. Di brodo.

Procedimento: sistemare il branzino nel Varoma, precedentemente unto di olio. Mettere nel boccale il brodo, posizionare il *Varoma* sul coperchio e cuocere per 15' a temp. Varoma, Vel.1. Mettere da parte il brodo. Pulire il branzino e ridurre la polpa a pezzetti. Nel boccale soffriggere l'aglio, la cipolla e l'olio, 3', 100° Vel.4 e aggiungere i filetti di acciuga, 1', 100° Vel.1. Posizionare la farfalla e versare il riso, tostare per 3', 100° Vel.1. Aggiungere il vino banco e farlo evaporare per 3' a 100° Vel.1. Unire il brodo di cottura del branzino e cuocere per 15' a 100° Vel.1. SE il liquido non bastasse aggiungere altra acqua. Versare il risotto in una zuppiera, mantecare con la panna, una noce di burro e condire con pepe. Guarnire con prezzemolo fresco e buccia di limone grattugiata. Al posto del branzino intero si possono utilizzare i filetti.

8.1.1.24 Calamari Ripieni

Ingredienti: 1kg di totani o calamari 4 pomodori maturi 1 filetto di acciuga 2 panini raffermi 1 uovo 50 parmigiano 250 latte i misurino di olio 2 spicchi di aglio 1 litro di passata di pomodoro prezzemolo.

Procedimento: Mettere i panini a bagno nel latte. Tagliare a pezzi i tentacoli dei calamari e rosolarli nel boccale con 50gr. olio e i spicchio di aglio per 3min. 100 Vel.1. unire il pane strizzato il prezzemolo l'uovo il sale i lpomodoro e il filetto di acciuga 10sec. Vel.3. Con questo composto riempire i calamri e chiuderli con uno stuzzicadenti salarli e adagiarli nel varoma. Soffriggere nel boccale 1 spicchio di aglio e 50gr. olio 3min. 100 Vel.4 unire il pomodoro passato e posizionare il *varoma* sul coperchio 30min temp *varoma* Vel.1. Aggiustare di sale tagliare a fette i calamari adagiarli su un piatto di portata e coprirli con il sugo.

8.1.1.25 Calamari Ripieni... In Arrivo

1kg di totani o calamri 4 pomodori maturi 1 filetto di acciuga 2 panini raffermi 1 uovo 50 parmigiano 250 latte i misurino di olio 2 spicchi di aglio 1 litro di passata di pomodoro prezzemolo. Mettere i panini a bagno nel latte. Tagliare a pezzi i tentacoli dei calamari e rosolarli nel boccale con 50gr. olio e i spicchio di aglio per 3min. 100 Vel.1. unire il pane strizzato il prezzemolo l'uovo il sale i lpomodoro e il filetto di acciuga 10sec. Vel.3. Con questo composto riempire i calamri e chiuderli con uno stuzzicadenti salarli e adagiarli nel varoma. Soffriggere nel boccale 1 spicchio di aglio e 50gr. olio 3min. 100 Vel.4 unire il pomodoro passato e posizionare il *varoma* sul coperchio 30min temp *varoma* Vel.1. Aggiustare di sale tagliare a fette i calamari adagiarli su un piatto di portata e coprirli con il sugo.

8.1.1.26 Occhiata Al Limone

Ingredienti: 1 kg. Di occhiata; 300gr. di cipolle; 4 spicchi di aglio; 100gr. di olio d'oliva; 200gr. di pane raffermo; 1 limone; 1 litro di acqua; sale e pepe q.b.

Procedimento: praticate sul pesce dei tagli e introdurvi delle fette semicircolari di limone. Nel *Varoma* preparare un letto di cipolle affettate e adagiarvi il pesce. Mettere nel boccale il pane raffermo, il sale, l'aglio, la buccia di limone e il pepe (30'' Vel.4). Cospargere il pesce e le cipolle con un po' di questo trito (il rimanente metterlo da parte). Senza lavare il boccale versarvi l'acqua, posizionare il *Varoma* sul coperchio e cuocere per 15' a temp. Varoma, Vel.2. Condire con il trito rimasto e cuocere ancora per 20' a temp. Varoma, Vel.2

8.1.1.27 Frittelle Di Alghe

Ingredienti: 300gr. di farina (Manitoba o americana); 250gr. di acqua; 20gr. di olio; 25gr. di lievito di birra; un pugnetto di alghe; sale quanto basta; olio per friggere.

Procedimento: inserire nel boccale l'acqua, l'olio, il lievito e il sale (20'' Vel.1), poi unire la farina: 30'' Vel.6. Con le lame in movimento inserire le alghe dal foro del coperchio. Lasciare lievitare il composto in una ciotola per 1 ora dopodiché, servendosi di un cucchiaio bagnato nell'acqua, prendere l'impasto a cucchiaiate e friggerlo in abbondante olio bollente fino a che non dora. Adagiare le frittelle su carta assorbente e servire calde. Sono deliziose e stuzzicheranno l'appetito di tutti i vostri ospiti

8.1.1.28 Filetto Di Pesce San Pietro E Carciofi

Ingredienti: 2 filetti di pesce San Pietro; 3 carciofi; 30gr. di cipolla; 50gr. di panna da cucina; 100gr. di olio di oliva; 200gr. di brodo vegetale; 30gr. di burro; 30gr. di farina; rosmarino; sale e pepe q.b.

Procedimento: adagiare i filetti di pesce nel *Varoma* (uno sul vassoio e uno all'interno). Nel boccale tritare il prezzemolo e il rosmarino (30'' Vel.5), aggiungere la cipolla e l'aglio e rosolare per 3' a 100°, Vel.4. Unire i carciofi tagliati a fettine e il brodo vegetale. Posizionare il *Varoma* sul coperchio e cuocere per 20' a temp. Varoma, Vel.4. Quando il pesce è cotto toglierlo dal coperchio, versare nel boccale la panna e omogeneizzare per 3' a Vel.7. Versare la crema ottenuta sui filetti di pesce e servire il piatto caldo

8.1.1.29 Triglie Alla Livornese

Ingredienti: 8 triglie piccole; 250gr. di pomodori pelati; 50gr. di olio; 2 spicchi di aglio; prezzemolo; sale e pepe q.b.

Procedimento: ungere con l'olio il *Varoma* e il vassoio e sistemare su ciascuno 4 triglie. Buttare nel boccale, con le lame in movimento a Vel.4, il prezzemolo e l'aglio; aggiungere l'olio e soffriggere per 3' a 100° Vel.4. Unire i pomodori pelati, il sale e il pepe e, dopo aver posizionato il *Varoma* sul coperchio, cuocere per 20' a temp. Varoma, Vel.3. Adagiare le triglie su un piatto da portata, condirle con il sughetto e cospargerle di prezzemolo fresco

8.1.1.30 Polpette Di Cuori Di Merluzzo

Ingredienti: 500gr. di filetti di merluzzo; 1 uovo intero; 2 panini; 250gr. di latte; 1 mis. Di parmigiano; sale q.b; pangrattato; olio per friggere.

Procedimento: mettere il pane in una ciotola con il latte e lasciarlo ammorbidire. Inserire l'acqua nel boccale con alcune fette di limone. Adagiare i filetti di merluzzo, insaporiti con il sale, nel *Varoma* precedentemente unto di olio. Posizionare il *Varoma* sul coperchio e far cuocere per 20' a temp. Varoma, Vel.1. A fine cottura buttare l'acqua e mettere nel boccale il pesce lessato, il pane ben strizzato, il prezzemolo, il parmigiano, l'uovo, il sale e il pepe. Impastare per 20'' a Vel.4. Formare con le mani delle palline e rotolarle nel pane grattugiato, poi friggerle in olio bollente

8.1.1.31 Pesce Spada Alla Ghiotta

1kg di pesce spada 400 pomodori pelati 100 olio 50 cipolla 1 spicchio di aglio 20gr. capperi 50gr. olive snocciolate bianche 50gr. olive snocciolate nere. Mettere nel *varoma* il pesce spada tagliato a fette il sale il prezzemolo. Nel boccale soffriggere la cipolla e l'aglio nell'olio per 3min. 100 Vel.4. Quindi unire i pomodori le olive i capperi. Posizionare il *varoma* sul coperchio e cuocere per 3omin. *varoma* Vel.1. Una volta cotto adagiare il pesce su un piatto di portata e coprirlo con il sugo e guarnire con il prezzemolo

8.1.1.32 Involtini Di Lattuga

Ingredienti: 400gr. di polpa di pesce (pescatrice, palombo, pesce spada); 2 acciughe sott'olio; 1 spicchio di aglio; 50gr. di cipolla; 100gr. di mollica di pane; 1 uovo intero; 50gr. di olio; 300gr. di brodo di pesce; sale e pepe q.b.; 8 foglie di lattuga; salsa di pomodoro; una manciata di prezzemolo.

Procedimento: bagnare la mollica di pane con 50gr. di brodo di pesce e poi strizzarla. Scottare le foglie di lattuga in acqua bollente salata e stenderle su un canovaccio. Tritare il prezzemolo (30'' Vel.5) e metterlo da parte. Soffriggere nel boccale (senza lavarlo) l'aglio e la cipolla nell'olio, 2', 100° Vel.4; aggiungere la polpa di pesce e rosolare per 3' a 100° Vel.1. Lasciar raffreddare, aggiungere il prezzemolo tritato, le acciughe sott'olio tagliate a pezzetti, la mollica di pane bagnata e strizzata, le uova, il sale e il pepe e impastare per 1' a Vel.6. Con questo composto, che deve risultare omogeneo, formare 8 polpettine ovali, avvolgerle nelle foglie di lattuga e legarle con un filo bianco. Mettere il brodo di pesce nel boccale, adagiare gli involtini nel Varoma, posizionarlo sul coperchio e cuocere per 15' a temp. Varoma, Vel.1. Servire con salsa di pomodoro

8.1.1.33 Farfalle Con Filetti Di Sogliola

Ingredienti: 500gr. di farfalle; 2 filetti di sogliola; 20gr. di pasta alle olive nere; 50gr. di olive nere; 30gr. di cipolla; 6 pomodorini perini; prezzemolo; basilico; 1 spicchio d'aglio; 1 mis. Di olio d'oliva; 150gr. di vino bianco; sale e pepe q.b.

Procedimento: mettere nel *Varoma* i filetti di sogliola conditi con sale e pepe. Preparare il soffritto con l'olio, l'aglio e la cipolla (3', 100°, Vel.4), unire i pomodori e tritare per 10'' Vel.Turbo. Condire con sale e pepe e aggiungere l'acqua e il vino. Posizionare il *Varoma* sul coperchio e cuocere per 20' a temp. Varoma, Vel.1. Togliere il Varoma, aggiungere al sugo la pasta di olive nere, le olive intere, il prezzemolo tritato e il basilico: 5', 100° Vel.1. Tagliare i filetti di sogliola a quadratini, farli insaporire nel sugo per 1' a 100° Vel.1. Svuotare il boccale e, senza lavarlo, mettere l'acqua e il sale (12', 100°, Vel.1). Quando l'acqua bolle buttare la pasta e cuocere per i minuti necessari a 100° Vel.1. Scolare e condire il sugo di sogliole

8.1.1.34 Cernia Ai Frutti Di Mare

Ingredienti: 1 kg. Di filetti di cernia; 350gr. di frutti di mare; 50gr. di olio; 50gr. di latte; 1 tuorlo d'uovo; ½ misurino di farina; 250gr. di cozze; prezzemolo; sale e pepe q.b.

Procedimento: mettere l'acqua nel boccale e posizionare il Varoma, riempito con le cozze, sul coperchio (10', temp. Varoma, Vel.1). Quando le cozze si sono aperte, scolarle, recuperando l'acqua di cottura ed estrarre il frutto dal guscio. Nel boccale inserire il tuorlo d'uovo, il latte, la farina e 2 mis. Di acqua filtrata delle cozze. Mettere la cernia nel *Varoma* e posizionarlo sul coperchio (20', temp. Varoma, Vel.2). Adagiare la cernia e i frutti di mare su un piatto da portata e condire con la salsina.

8.1.1.35 Risotto Con Pesce Spada E Olive Nere

Ingredienti: 500gr. di riso; 250gr. di pesce spada; 15 olive nere snocciolate; 30gr. di cipolla; 50gr. di olio; 3 pomodori pelati; 1 l. di brodo di pesce o vegetale; prezzemolo; sale e pepe q.b.

Procedimento: tagliare a cubetti il pesce spada, dopo averlo privato della pelle. Soffriggere nel boccale la cipolla nell'olio per 3' a 100°, Vel.4. Posizionare la farfalla, aggiungere i cubetti di pesce spada e i pomodori tagliati a pezzi e lasciare insaporire per 2' a 100° Vel.1. Dopo aver messo il brodo nel boccale cuocere per 20' a 100°, Vel.1. e, durante l'ultimo minuto, unire le olive snocciolate, il prezzemolo tritato e un po' di pepe

8.1.1.36 Filetti Di Sogliola Ai Pinoli

Ingredienti: 600gr. di filetti di sogliola (4 filetti); 35gr. di pinoli; 50gr. di olio d'oliva; 1 l. d'acqua; prezzemolo; succo di un limone; sale e pepe q.b.

Procedimento: ungere il *Varoma* e adagiarvi la sogliola. Mettere nel boccale l'acqua e posizionare il *Varoma* sul coperchio: 15', temp. Varoma, Vel.2. Disporre le sogliole su di un piatto da portata, togliere l'acqua dal boccale, asciugarlo bene e introdurvi l'olio (2', 100°, Vel.1). Aggiungere i pinoli e farli dorare per 5' a 100°, Vel.1 poi versare il trito di prezzemolo. Condire i pesci con i pinoli e il succo di un limone

8.1.1.37 Crema Di Sogliole Con Erbette

Ingredienti: 3 filetti di sogliola; 1 spicchio di aglio; 30gr. di cipolla; 50gr. di olio; 50gr. di farina; 50gr. di vino bianco; 500gr. di brodo (pesce o vegetale); 500gr. di latte; 200gr. di panna; dragoncello secco; sale e pepe q.b.

Procedimento: mettere i filetti di sogliola nel *Varoma* precedentemente unto di olio. Nel boccale preparare un soffritto con l'olio, l'aglio e la cipolla (3', 100°, Vel.4) poi aggiungere il vino bianco e lasciare evaporare (1', 100°, Vel.3). Mettere nel boccale il brodo e il latte, posizionare il *Varoma* sul coperchio e cuocere per 15' a temp. Varoma, Vel.2. A cottura ultimata tagliare i filetti di sogliola a pezzetti, metterli nel boccale e amalgamare per 5' a 100° Vel.4. Ne risulterà una crema liscia e omogenea a cui va aggiunta la panna e il dragoncello (1', Vel.5). Versare in una terrina e servire con crostini di pane.

8.1.1.38 Palline Di Sogliola

Ingredienti: 500gr. di filetti di sogliola; 50gr. di parmigiano; 50gr. di pangrattato; 20gr. di uvetta sultanina; 20gr. di pinoli; 1 uovo intero; prezzemolo; sale e pepe q.b.
Procedimento: tritare finemente il prezzemolo, i pinoli e l'uvetta (1', Vel.5), aggiungere i filetti di sogliola (30'' Vel.5), il parmigiano, il pangrattato, l'uovo, il sale e il pepe (1', Vel.5). Con l'impasto ottenuto formare delle palline, passarle nella farina e friggerle in olio ben caldo rigirandole delicatamente. Se l'impasto risultasse troppo morbido aggiungere un pochino di pangrattato. Questo piatto sarà gustato anche da chi non ama particolarmente il pesce

8.1.1.39 Vellutata Di Cernia

Ingredienti. 300gr. di filetti di cernia; 250gr. di patate; 1 spicchio di aglio; 750gr. di latte; 200gr. di panna; 100gr. di cipolla; zafferano; dado bimby di pesce o vegetaLE; 1 mis. Di salsa di pomodoro; prezzemolo.
Procedimento: tritare nel boccale le cipolle per 30'' a Vel.4. posizionare la farfalla e aggiungere le patate pelate e tagliate a dadini, il latte e il dado. Ungere di olio il Varoma, adagiarvi i filetti di cernia e posizionarlo sul coperchio (15' temp. Varoma, Vel.1). Quando i filetti di cernia saranno cotti, sminuzzarli. Mettere nel boccale la panna, lo zafferano, la salsa di pomodoro e amalgamare per 5' a 100° Vel.3. Aggiungere i pezzetti di pesce, aggiustare di sale e pepe e continuare la cottura per 2' a 80° Vel.1. Profumare con prezzemolo tritato e servire la vellutata con crostini di pane

8.1.1.40 Cannelloni Di Pesce Spada

Ingredienti: 300gr. di pesce spada; 100 g. ge. Di zucchine; 20gr. di timo secco; 50gr. di vino bianco; 100gr. di olio di oliva; 350gr. di polpa di pomodoro; 50gr. di ciolla; 1 spicchio di aglio; cannelloni.
Procedimento: preparare il sugo facendo rosolare la cipolla in 50gr. di olio per 3' a 100°, Vel.4; aggiungere poi il pomodoro e il sale e cuocere per 15' a 100° Vel.3. Togliere il sugo dal boccale e, senza lavarlo inserirvi l'aglio, l'olio, il pesce spada tagliato a pezzetti e le zucchine. 5' 100° Vel.4. Bagnare con il vino e cuocere ancora per 5' a 100° Vel.4. Dopo aver riempito i cannelloni con questo composto adagiarli in una pirofila, coprirli con la salsa di pomodoro e cuocerli in forno caldo per 8' a 170°. Servire caldi

8.1.1.41 Filetti Di Pesce Persico Al Pepe Rosa

Ingredienti: 400gr. di filetti di pesce persico; 70gr. di olio; 100gr. di panna; 1 scalogno piccolo (o 20gr. di cipolla); 50gr. di vino bianco; 6 granelli di pepe rosa; 30gr. di aceto bianco; ½ litro di brodo (di pesce o vegetale); succo di limone; prezzemolo, sale q.b.
Procedimento: ungere il vassoio e il *Varoma* di olio e adagiarvi i filetti di pesce. Mettere nel boccale l'acqua e il dado, posizionare il *Varoma* sul coperchio e cuocere per 15' temp. Varoma, Vel.1. Disporre i filetti di pesce su un piatto da portata e conservare il brodo. Nel boccale tritare lo scalogno 30'', Vel.4, aggiungere prima il vino e l'aceto (7', 100°, Vel.2) e poi la panna (3', 80°, Vel.2). Durante l'ultimo minuto inserire il succo di limone e il pepe rosa. Versare la salsina sui filetti di pesce persico e guarnire con il prezzemolo. Servire immediatamente

8.1.1.42   Delizia Di Pesce

Ingredienti: 300gr. di gallinelle; 300gr. di scampi; 200gr. di cozze; 200gr. di vongole; 2 spicchi di aglio; 30gr. di olio; 100gr. di polpa di pomodoro; peperoncino q.b.

Procedimento: mettere nel cestello le gallinelle e gli scampi, nel *Varoma* le cozze e le vongole. Preparare nel boccale il soffritto con l'olio e l'aglio 3' 100° Vel.4). Aggiungere la polpa di pomodoro e il peperoncino, quindi immergere il cestello nel boccale; posizionare il *Varoma* sul coperchio e cuocere per 15' a temp. Varoma, Vel.2. A cottura ultimata disporre, in un piatto da portata, le vongole al centro, le cozze, gli scampi e le gallinelle introno. Condire con la salsina e servire

8.1.1.43   Anguilla Al Lauro

Ingredienti: 12 pezzi di anguilla; 15 foglie di alloro; 30gr. di olio; 500gr. di brodo (pesce o vegetale); succo di 2 limoni; sale e pepe q.b.

Procedimento: tagliare a pezzi l'anguilla. Mettere nel boccale l'olio, il limone, il sale, il pepe e 3 foglie di alloro: 1' Vel.4. Con questa marinata bagnare uniformemente i pezzi di anguilla e lasciarli riposare per 1 ora circa. Avvolgere i pezzi di anguilla nelle foglie di alloro e fissarle con un filo incolore. Sistemare questi involtini nel *Varoma* precedentemente unto di olio. Mettere il brodo nel boccale. Posizionare il *Varoma* sul coperchio e cuocere per 30' a temp. Varoma, Vel.1. Durante la cottura girare l'anguilla più volte con l'aiuto di una paletta. Servire il piatto caldissimo, dopo aver eliminato il filo

8.1.1.44   Zuppa Anconetana

Ingredienti: 500gr. di pesce (spigole, merluzzetti, sogliole, triglie e cefali); 200gr. di seppioline; 200gr. di moscardini; 200gr. di calamaretti; 1 spicchio di aglio; 50gr. di cipolla; 50gr. di carota; 50gr. di sedano; 50gr. di passata di pomodoro; 50gr. di aceto: 50gr. di olio; 300gr. di acqua; 1 pane in cassetta; rosmarino; prezzemolo; peperoncino; sale e pepe q.b.

Procedimento: tagliare il pesce a pezzi e adagiarlo nel Varoma. Tagliare le seppie e i calamari a listerelle. Tritare nel boccale il prezzemolo (20'', Vel.4), aggiungere il sedano, la carota, la cipolla, l'aglio e il peperoncino (30'', Vel.4), unire l'olio e il rosmarino e soffriggere per 3' a 100° Vel.4. Versare l'aceto e lasciare evaporare per 2' a 100° Vel.3, poi mettere la salsa di pomodoro: 1', 100° Vel.3. Aggiungere le seppie, i moscardini, i calamari, l'acqua, il sale e il pepe; posizionare il *Varoma* sul coperchio e cuocere per 20', temp. Varoma, Vel.1. Tostare le fette di pane in cassetta, strofinarle con uno spicchio d'aglio e versare sopra il brodetto di pesce

8.1.1.45   Nasello Alla Siciliana

Ingredienti: 500gr. di filetto di nasello; 300gr. di zucchine; 20gr. di capperi; 300gr. di pomodori; 30gr. di cipolla; 50gr. di olio d'oliva; 70gr. di olive verdi; sale e pepe q.b. Tagliare a rondelle le zucchine e la cipolla. Ungere il *Varoma* con olio e introdurre nell'ordine: uno strato di cipolle, uno di zucchine affettate, i filetti di nasello e i pomodori a pezzetti, un secondo strato di zucchine e infine le olive tagliate a rondelle e i capperi. Insaporire con un pizzico di sale e pepe. Mettere nel boccale l'aglio e l'olio (3', 100°, Vel.3), aggiungere i pomodori, posizionare il *Varoma* sul coperchio e far cuocere per 20' a temp. Varoma, Vel.2. Adagiare su un piatto da portata il nasello e le verdure e condire con il sughetto

8.1.1.46   Baccala' Alla Livornese

Ingredienti: 700gr. di baccalà bagnato; 500gr. di pomodoro pelato; 100gr. di sedano; 100gr. di cipolla; olive nere snocciolate, sale e pepe q.b.

Procedimento: ungere il *Varoma* con l'olio e adagiarvi i pezzi di baccalà; mettere poi nel boccale le carote, le cipolle, il sedano e tritare (10'', Vel.4). Aggiungere i pomodori pelati e le olive nere, posizionare il *Varoma* sul coperchio e far cuocere per 20' a temp. Varoma, Vel.2. Adagiare i filetti di baccalà su un piatto da portata e condire con il sugo

8.1.1.47 Filetti Di Pesce Persico Con Pomodorini Ciliegia

Ingredienti: 500gr. di filetti di pesce persico; 500gr. di acqua; 12 pomodorini a ciliegia; 1 spicchio d'aglio; 50gr. di vino bianco; prezzemolo; sale q.b.

Procedimento: adagiare i filetti di pesce persico nel Varoma, precedentemente unto di olio, e condirli con i pomodorini tagliati a metà, il sale e l'aglio tritato. Mettere nel boccale l'acqua e il vino bianco. Posizionare il *Varoma* sul coperchio e cuocere per 20' a temp. Varoma, Vel.1. Servire i filetti conditi con l'olio crudo e cospargere di prezzemolo tritato

8.1.1.48 Filetti Di Nasello All'arancia

Ingredienti: 4 filetti di nasello; 100gr. di olive nere snocciolate e sgocciolate; 50gr. di cipolla; 1 spicchio di aglio; 100gr. di olio; succo di un'arancia; succo di 1 limone; buccia di un'arancia; sale e pepe q.b.

Procedimento: ungere i filetti di nasello con l'olio e disporli nel *Varoma* conditi con sale e pepe. Inserire nel boccale le olive, l'aglio, la cipolla e la buccia dell'arancia (10'', Vel.4). Aggiungere il succo dell'arancia e del limone (30'', Vel.3). Mettere da parte la salsina. Senza lavare il boccale inserire l'acqua, posizionare il *Varoma* sul coperchio e far cuocere per 30' a temp. Varoma, Vel.1. Rivestire un piatto da portata con foglie di lattuga, adagiarvi i filetti di nasello e condirli con la salsina di arancia

8.1.1.49 Baccala' Mantecato

Ingredienti: 800gr. di baccalà bagnato; 50gr. di olio di oliva; 80gr. di acciughe sott'olio; 30gr. di cipolla; 300gr. di latte; 1 spicchio di aglio; 50gr. di vino bianco; prezzemolo; sale q.b.

Procedimento: inserire nel boccale la cipolla e l'aglio e far soffriggere nell'olio per 3' a 100°, Vel.4. Aggiungere il baccalà tagliato a pezzi spellato e spinato, il vino bianco e le acciughe: 10', 90°, Vel.1. Infine incorporare il latte e il sale: 20', 100°, Vel.1. A fine cottura, mettere il composto in una teglia da forno, cospargere di prezzemolo tritato e cuocere in forno preriscaldato per 5' a 180°

8.1.1.50 Naselli In Umido Con Salsa Di Funghi

Ingredienti: 4 filetti di nasello (o merluzzetti o sgombri); 300gr. di acqua; 50gr. di cipolla; 20gr. di capperi; 20gr. di funghi secchi ammollati; 1 spicchio di aglio; 2 acciughe salate; 20gr. di farina; prezzemolo.

Procedimento: adagiare i filetti di nasello nel *Varoma* precedentemente unto di olio. Tritare il prezzemolo (30'' Vel.4), aggiungere la cipolla, l'aglio e l'olio (3', 100° Vel.4), quindi unire le acciughe tagliate a pezzi, i capperi e i funghi (2', 100°, Vel.1). Versare l'acqua nel boccale, posizionare il *Varoma* sul coperchio e cuocere per 20' a temp. Varoma, Vel.1. Quando i filetti sono cotti adagiarli sopra un piatto da portata. Fare addensare il sughetto di funghi aggiungendo la farina (2', 100° Vel.2) e condire i filetti. Spolverizzare di prezzemolo tritato

8.1.1.51 Bauletti Di Nasello

Ingredienti: 500gr. di filetti di nasello; 100gr. di prosciutto cotto; 30gr. di sedano; 30gr. di carota; 30gr. di cipolla; 50gr. di olio; 200gr. di acqua; 200gr. di vino bianco; 1 spicchio d'aglio.

Procedimento: tagliare i filetti di nasello a pezzi più o meno della stessa grandezza, avvolgerli con il prosciutto cotto e sistemarli nel *Varoma* precedentemente unto d'olio. Mettere nel boccale la cipolla, la carota, il sedano e l'aglio (10'' Vel.6). Aggiungere l'olio e soffriggere per 3' a 100° Vel.2. Aggiungere l'acqua e il vino, posizionare il *Varoma* sul coperchio e cuocere per 30' a temp. Varoma, Vel.1. Ultimata la cottura, sistemate i bauletti sopra un piatto da portata e condirli con la salsina

8.1.1.52 Zuppa Di Trota Salmonata

Ingredienti: 250gr. di filetti di trota salmonata e salmone; 1 l. di brodo di pesce (acqua e dado); 300gr. di patate; 50gr. di cipolla; 200gr. di panna da cucina; 20gr. di burro; prezzemolo; sale e pepe q.b.

Procedimento: tagliare a pezzetti i filetti di pesce e a dadini le patate. Buttare, con le lame in movimento, la cipolla e tritare per 10'' Vel.4. Posizionare la farfalla. Aggiungere prima il brodo e le patate (15', 100°, Vel.1); e unire i pezzetti di pesce, e cuocere per 10' a 100° Vel.1. Durante l'ultimo minuto di cottura unire la panna, il prezzemolo tritato, il sale, il pepe e il burro. Servire caldo

8.1.1.53 Fusilli Al Salmone E Pisellini

Ingredienti: 500gr. di fusilli; 200gr. di salmone; 200gr. di pisellini surgelati; 30gr. di cipolla; 30gr. di olio; 2 pomodori pelati; 100gr. di vino bianco; prezzemolo; sale e pepe q.b.

Procedimento: soffriggere la cipolla nell'olio (3', 100°, Vel.4), aggiungere i pomodori, il sale e il pepe (2' 100° Vel.3). Unire i piselli (5' 100°, Vel.1). Irrorare con il vino bianco e far evaporare per 10' a 100° Vel.1. Nel frattempo pulire il salmone fresco e tagliarlo grossolanamente, quindi versarlo nel sugo e cuocere per 10' a 100° Vel.1. Togliere il sugo dal boccale, senza lavarlo, mettere l'acqua e il sale (12', 100° Vel.1). Quando l'acqua bolle aggiungere la pasta e cuocere per i minuti richiesti a 100° Vel.1. Si possono usare i piselli freschi al posto di quelli surgelati, ma bisogna aggiungere un po' di acqua durante la cottura

8.1.1.54 Trotelle In Insalata

Ingredienti: 2 filetti di trota salmonata; 3 uova sode, un mis. Di olio; un mazzetto di asparagi; 50gr. di panna da cucina; 20gr. di aceto bianco; 1 porro; 50gr. di carota; 2 foglie di alloro; 1 limone; prezzemolo; 500gr. di acqua; sale e pepe q.b.

Procedimento: ungere il vassoio del *Varoma* e il Varoma, quindi adagiare su ciascuno un filetto di trota e un po' di asparagi. Mettere nel boccale l'acqua, le carote tagliate a fette, il porro, la scorretta di limone; posizionare il *Varoma* sul coperchio e cuocere per 20' a temp. Varoma, Vel.1. A cottura ultimata, sminuzzare i filetti di trota e gli asparagi e adagiarli sopra un piatto da portata precedentemente rivestito con foglie di lattuga. Dopo aver tolto dal boccale l'acqua con le verdure, tritare il prezzemolo (20'', Vel.4) e metterlo da parte. Senza lavare il boccale versare l'olio, la panna, l'aceto, il sale e il pepe (20'' ve. 4). Versare questa emulsione sulle trote aiutandosi con un cucchiaio e cospargere di prezzemolo tritato. Guarnire il piatto con le uova sode tagliate a spicchi

8.1.1.55 Trote Al Vapore Con Patate

Ingredienti: 4 trote; 700gr. di patate; 800gr. di acqua; rosmarino; salvia; alloro; sale e pepe q.b.

Procedimento: adagiare le trote, condite con gli aromi, nel *Varoma* precedentemente unto di olio. Mettere nel boccale l'acqua, immergervi il cestello riempito con le patate tagliate a dadini e posizionare il *Varoma* sul coperchio (30', temp. Varoma, Vel.3). Adagiare su un piatto da portata le trote e le patate

8.1.1.56 Salmone Al Grattino

Ingredienti: 4 tranci di salmone 50gr. pane duro 30gr. capperi prezzemolo peperoncino 1 spicchio aglio 50gr. olio 500gr. acqua origano sale pepe.adagiare il salmone nel varome precedentemente unto di olio tritare nel boccale il pane i capperi il prezzemolo il peperoncino l'aglio il sale il pepe e l'origano 20sec. Vel.6 aggiungere l'olio e amalgamare 10 sec, Vel.6.spalmare questa salsina sui tranci di salmone.Senza lavare il boccale mettere l'acqua posizionare il *varoma* e cuocere per 20min. temp. *varoma* Vel.2.

8.1.1.57 Salmone In Insalata

Ingredienti: 700gr. di salmone; 200gr. di funghi; 50gr. di carota; 50gr. di sedano; 30gr. di cipolla; olio; succo di limone; sale e pepe q.b.

Procedimento: affettare sottilmente i funghi e metterli a macerare per 20' in una emulsione preparata con olio, succo di limone, prezzemolo fresco, sale e pepe. Tagliare a pezzi la verdura e metterla nel boccale insieme con l'acqua. Adagiare i tranci di salmone nel *Varoma* precedentemente unto di olio; posizionarlo sul coperchio e cuocere per 15' a temp. Varoma, Vel.1. A fine cottura spinare e spellare il salmone e unirlo ai funghi marinati. Lasciare insaporire per 30' quindi servire freddo e guarnito con scaglie di parmigiano

8.1.1.58   Trota Farcita

Ingredienti: 300gr. di trota salmonata; 50gr. di vino bianco; 1 l. di brodo (acqua e dado); 200gr. di insalata russa; 50gr. di maionese (come ricetta base).
Procedimento: sistemare la trota nel *Varoma* precedentemente unto di olio. Mettere nel boccale il vino bianco e il brodo di pesce. Posizionare il *Varoma* sul coperchio e cuocere per 20', temp. Varoma, Vel.1. Lasciare raffreddare la trota, quindi aprirla delicatamente a metà, togliere la spina dorsale ed eliminare le lische. Spalmare la trota di insalata russa, ricomporla e decorarla con maionese e ciuffi di prezzemolo

8.1.1.59   Salmone Al Pepe E Al Ginepro

Ingredienti: 4 tranci di salmone fresco; 4 bacche di ginepro; 100gr. di vino bianco; 100gr. di acqua; 1 spicchio di aglio; prezzemolo, basilico; sale e pepe in gran q.b.
Procedimento: adagiare i filetti di salmone nel *Varoma* precedentemente unto di olio. Distribuire uniformemente sul salmone il pepe in grani, le bacche di ginepro schiacciate, il prezzemolo e il basilico tritati. Mettere nel boccale il vino e l'acqua; posizionare il *Varoma* sul coperchio e cuocere per 20' a temp. Varoma, Vel.1. Adagiare i tranci di salmone sopra un piatto da portata e servirli caldissimi

8.1.1.60   Salmone Mimosa

Ingredienti: 700gr. di filetto di salmone fresco; 4 uova sode; 50gr. di olio; 2 spicchi di aglio; 20gr. di cipolla; 50gr. di carota; 2 foglie di alloro; succo di un limone; 1 l. di acqua; sale e pepe q.b.
Procedimento: frullare per 40'' a Vel.6 il limone, l'olio, il sale, il pepe e il prezzemolo. Mettere da parte. Tritare grossolanamente per 30'' Vel.3 le uova sode e metterle da parte. Disporre filetti di salmone nel cestello. Senza lavare il boccale versarvi l'acqua, il sale, le carote a pezzi, la cipolla, l'aglio e l'alloro; immergere il cestello e cuocere per 10' a 100° Vel.2. A fine cottura togliere il cestello, scolare bene e sistemare i filetti di salmone sopra un piatto da portata. Distribuire uniformemente le uova sode tritate sul salmone e condire con la salsina di limone. Spolverizzare di pepe

8.1.1.61   Salmone Decorato

Ingredienti: 1 kg.- di tranci di salmone; 100gr. di vino bianco; ½ litro di brodo di pesce (acqua e dado bimby); 100gr. di carote; 50gr. di cipolla; 5'0gr. di sedano; 100gr. di burro; 200gr. di gamberetti; 50gr. di panna da cucina; 30gr. di farina; 250gr. di latte; 1 limone; sale e pepe in grani q.b.
Procedimento: adagiare il salmone nel *Varoma* e i gamberetti nel cestello. Mettere nel boccale il brodo di pesce e il vino bianco, quindi immergervi il cestello e posizionare il *Varoma* sul coperchio (30', temp. Varoma, Vel.2). Terminata la cottura adagiare il salmone su un piatto da portata. Lasciare nel boccale 250gr. di brodo e unirvi il burro e 50gr. di gamberetti (30'' Vel.6). Aggiungere la farina e il latte e cuocere per 7' a 80° Vel.3. A fine cottura amalgamare la panna (2' Vel.3), salare e pepare. Versare un po' di questa salsina sul pesce dopo averlo decorato con fette di limone e contornato di gamberetti. Mettere la rimanente salsina in una salsiera e servire

8.1.1.62   Trota Farcita Al Prosciutto

Ingredienti: 1 kg. Di trote (4 trote piccole); prezzemolo; prosciutto crudo 8 fette; 1 mis. Di aceto; 300gr. di carote; 1 mis. Di parmigiano grattugiato; 300gr. di acqua; peperoncino; sale q.b.

Procedimento: tritare nel boccale il prezzemolo (30'' Vel.4), aggiungere il parmigiano, il peperoncino, il sale, l'aceto e l'olio (30'' Vel.5). Con questo impasto farcire le trote, avvolgerle nelle fette di prosciutto crudo e adagiarle nel Varoma. Tagliare a rondelle spesse le carote, metterle nel cestello, versare l'acqua nel boccale e inserire il cestello. Posizionare il *Varoma* sul coperchio e cuocere per 30' a temp. Varoma, Vel.3. Servire le trote insieme con le carote condite con sale, pepe e un filo d'olio crudo

8.1.1.63   Trota Salmonata A Varoma

Ingredienti: 1 trota salmonata; 400gr. di acqua; 40gr. di olio; 2 pomodori; 1 spicchio di aglio; 500gr. di patate; 20gr. di maizena; timo; sale q.b.
Procedimento: tritare il prezzemolo. Mettere nel boccale l'acqua, l'aglio, l'olio, i pomodori, il timo e il sale. Tagliare a fettine le carote e sistemarle nel cestello. Sistemare la trota sul vassoio e le patate tagliate a pezzi nel Varoma. Inserire il cestello nel boccale e posizionare il *Varoma* sul coperchio (30' temp. Varoma, Vel.1). A fine cottura togliere il *Varoma* e il cestello. Aggiungere al brodetto la maizena e cuocere per 2' a 80° Vel.3. Servire il pesce condito con la salsina e cosparso di prezzemolo tritato (20'' Vel.4). Accompagnare con un contorno di patate e carote

8.1.1.64   Filetti Di Trota Al Vino

Ingredienti: 4 filetti di trota; 100gr. di vino bianco; 1 porro; 20gr. di cipolla; 30gr. di carota; ½ spicchio di aglio; 50gr. di olio di oliva; timo, prezzemolo; alloro; sale e pepe q.b.
Procedimento: tritare nel boccale l'aglio, la cipolla, la carota a pezzi e il porro (30'' Vel.6). Unire l'olio e soffriggere (3' a 100°, Vel.3). Mettere i filetti di trota nel *Varoma* precedentemente unto di olio, conditi con il prezzemolo tritato, il timo e le foglie di alloro. Aggiungere nel boccale il vino, posizionare il *Varoma* e cuocere per 15' a temp. Varoma, Vel.3. Adagiare i filetti di trota sopra un piatto da portata e condirli con la salsa. Servirli caldi

8.1.1.65   Orata Alla Pugliese

Ingredienti: 2 orate (600gr. circa); 1 kg. Di patate; 3 spicchi di aglio; prezzemolo; 50gr. di pecorino grattugiato; 60gr. di olio; 100gr. di vino bianco; 200gr. di acqua; sale e pepe q.b.
Procedimento: buttare, con le lame in movimento, il prezzemolo e l'aglio e tritare per 20'' a Vel.6. Versare in una ciotola metà del trito. Mettere nel boccale l'olio e preparare il soffritto: 3' 100°, Vel.1. Intanto preparare nel *Varoma* uno strato di patate tagliate a fette e condite con il prezzemolo tritato e il pecorino, quindi adagiarvi le orate salate e pepate. Ricoprire il pesce con un altro strato di patate condite come prima. Mettere nel boccale il vino bianco e l'acqua, posizionare il *Varoma* sul coperchio e far cuocere per 20' a temp. Varoma, Vel.1. Servire le orate condite con il sughetto di cottura

8.1.1.66   Riso Con Salsa Di Acciughe

500gr. di riso; 600gr. di acciughe fresche; 30gr. di scalogno (o cipolla); ½ mis. Di vino bianco; 2 spicchi di aglio; 50gr. di olio d'oliva; 1 litro di brodo; (acqua e dado di pesce o vegetale bimby); prezzemolo.
Procedimento: pulire le acciughe, lavarle e tagliarle a pezzetti. Mettere nel boccale l'aglio, lo scalogno, il peperoncino e l'olio (3', 100° Vel.4); unire i pezzetti di acciuga e far insaporire per 2' a 100° Vel.1. Dopo aver posizionato la farfalla aggiungere il riso e tostarlo per 5' a 100° Vel.1. Versare il vino bianco e farlo evaporare per 1' a Vel.1. Unire il brodo e cuocere per 15' a 100°, Vel.1. Prima di servire il risotto, guarnire con prezzemolo fresco tritato

8.1.1.67 Crocchette Di Pesce Con Salsa Di Pomodoro

Ingredienti: 500gr. di filetto di nasello; 2 uova intere; 1 spicchio di aglio; 50gr. di parmigiano; 50gr. di pangrattato. Per la besciamella: 30gr. di burro; 50gr. di farina; ½ litro di latte; sale e pepe q.b. Per la salsa: 500gr. di pomodori pelati; 1 spicchio di aglio; 50gr. di olio; 30gr. di cipolla. **Procedimento:** sistemare i filetti di nasello nel *Varoma* precedentemente unto di olio. Soffriggere nel boccale l'olio, l'aglio e la cipolla (3' 100° Vel.4); aggiungere i pomodori pelati e schiacciati, il sale e il pepe; posizionare il *Varoma* sul coperchio e cuocere per 20' a temp. Varoma, Vel.3. Togliere il sugo dal boccale e metterlo da parte e sistemare il nasello su un piatto. Senza lavare il boccale preparare la besciamella con il burro, la farina, il latte (7' 80° Vel.2). Salare e pepare. Far raffreddare e aggiungere i tuorli d'uovo, la polpa di pesce sminuzzata, il formaggio e il prezzemolo tritato (30'', Vel.4). Con l'impasto ottenuto, che deve risultare omogeneo, preparare delle palline; passarle nell'albume leggermente sbattuto e nel pangrattato. Friggere le crocchette in abbondante olio. Allineare le crocchette in un piatto da portata e coprirle con la salsa di pomodoro. Guarnire con prezzemolo fresco tritato

8.1.1.68 Zuppa Del Pescatore

Ingredienti: 1 kg. Di frutti di mare misti (cozze e vongole); 200gr. di patate; 50gr. di cipolla; 30gr. di burro; 200gr. di panna da cucina; prezzemolo; 1 l. di acqua; chiodi di garofano; sale q.b. **Procedimento:** soffriggere nel boccale la cipolla con il burro (3' 100° Vel.4), aggiungere le patate pelate e tagliate a cubetti e rosolare per 2' a 100° Vel.1. Versare l'acqua, posizionare il Varoma, riempito con i frutti di mare, sul coperchio e cuocere per 15' a temp. Varoma, Vel.1. Quando le cozze si saranno aperte togliere i frutti dal guscio, versarne la metà circa nel boccale e tritare per 1' a 100° Vel.4. Unire la panna (30'' Vel.4) e mettere in una zuppiera insieme con le cozze rimaste intere. Profumare con il prezzemolo tritato e i chiodi di garofano

8.1.1.69 Filetti Di Sogliola Al Dragoncello

Ingredienti: 4 filetti di sogliola; 50gr. di cipolla o scalogno; 50gr. di olio; 200gr. di vino bianco; 100gr. di panna; 50gr. di farina; 2 tuorli d'uovo; 20gr. di dragoncello essiccato; succo di limone; sale e pepe q.b. **Procedimento:** d adagiare i filetti di sogliola nel *Varoma* precedentemente unto di olio. Soffriggere la cipolla con l'olio (3', 100°, Vel.4); aggiungere il vino bianco. Posizionare il *Varoma* sul coperchio e far cuocere per 10' a temp. Varoma, Vel.2. Mettere i filetti di sogliola in una teglia. Nel boccale aggiungere al liquido di cottura del pesce, la farina e la panna: 5' 90°, Vel.3. Infine unire i tuorli d'uovo, il dragoncello e poche gocce di succo di limone (20'', Vel.4). Versare questa salsa sui filetti di sogliola e infornare per 12' a 180°. Servire caldi

8.1.1.70 Risotto Con Seppioline

Ingredienti: 600gr. di seppioline; 500gr. di riso; 100gr. di vino bianco; 900gr. di acqua; 50gr. di cipolla; 1 spicchio di aglio; 1 mis. Di passata di pomodoro (o 6 pomodori pelati); 100gr. di olio; prezzemolo tritato; sale e pepe q.b.
Procedimento: soffriggere l'aglio e la cipolla nell'olio (3' 100° Vel.3); aggiungere la passata di pomodoro e cuocere per 5' 100° Vel.1. Posizionare la farfalla. Aggiungere le seppie e cuocerle per 5' a 100° Vel.1. Infine versare l'acqua: 15' 100° Vel.1. Salare q.b.. Versare in una risottiera e guarnire con prezzemolo tritato. Spolverizzare di pepe

8.1.1.71 Pate' Di Trota In Gelatina

Ingredienti: 200gr. di filetti di trota affumicata; 50gr. di formaggio cremoso; 150gr. di formaggio di capra; 50gr. di burro; 2 scalogni medi; 50gr. di olio di oliva; ½ mis. Di acqua; succo di ½ limone; poche gocce di tabasco; 20gr. di capperi; prezzemolo; zenzero in polvere; 1 confezione di gelatina granulare.

Procedimento: preparare la gelatina seguendo le istruzioni riportate sulla confezione. Prendere una pirofila di media grandezza e coprirne il fondo, facendo uno strato di un paio di centimetri di gelatina. Mettere nel congelatore e aspettare che si addensi. Nel frattempo far ammorbidire gli scalogni (precedentemente tritati a Vel.7 per 20'') con olio e acqua 5', 100°, Vel.1. Salare. Aggiungere tutti gli altri ingredienti rimasti e omogeneizzare per 30'' a Vel.5. A questo punto prendere la pirofila dal freezer e mettere uno strato di paté sulla gelatina, quindi versare un altro strato di gelatina e far rapprendere in freezer. Procedere così finchè saranno finiti gli ingredienti

8.1.1.72 Pescatrice Ai Funghi

Ingredienti: 800gr. di pescatrice; 400gr. di funghi; 100gr. di cipolla; 150gr. di carote; 100gr. di vino bianco; 50gr. di olio; 6 pomodorini; 1 spicchio di aglio;: 10 olive nere snocciolate; prezzemolo; sale e pepe q.b.

Procedimento: tritare le carote, la cipolla e l'aglio (10'' Vel.4); aggiungere l'olio e soffriggere per 3' a 100° Vel.4. Posizionare la farfalla e versare i funghi e il vino. Ungere il *Varoma* di olio e adagiarvi la pescatrice condita con il prezzemolo tritato, i pomodorini tagliati a pezzi, le olive il sale e il pepe. Posizionare il *Varoma* sul coperchio e cuocere per 30' a temp. Varoma, Vel.1. Adagiare la pescatrice sopra un piatto da portata e condire con il sughetto ottenuto

8.1.1.73 Insalata Di Mare

Ingredienti: 300gr. di cozze; 200gr. di gamberi; 100gr. di moscardini; 100gr. di seppioline; 200gr. di anelli di calamari; prezzemolo; 50gr. di olio; 20gr. di cipolla; 2 spicchi di aglio; 100gr. di vino bianco; 100gr. di acqua; succo di limone; sale e pepe q.b.

Procedimento: inserire nel boccale la cipolla, l'aglio e l'olio (3' 100° Vel.4); aggiungere i moscardini, le seppioline e gli anelli di calamari e far insaporire per 2' a 100° Vel.1. Bagnare con il vino (1' 100° Vel.1); quindi aggiungere l'acqua. Posizionare il *Varoma* sul coperchio e cuocere per 20' a temp. Varoma, Vel.1. Foderare una ciotola di vetro con le foglie di lattuga e versarvi le cozze con tutto il guscio, i moscardini, le seppioline, i calamari e i gamberi sgusciati. Condire con il pepe, il prezzemolo, il succo di limone e un filo di olio crudo. Controllare il liquido di cottura. Se fosse necessario aggiungere l'acqua

8.1.1.74 Filetto Di Rombo Alla Pugliese

Ingredienti: 1 kg. Di filetti di rombo (2 rombi); ½ mis. Di olio; 1 spicchio di aglio; 150gr. di acqua; 600gr. di pomodorini; prezzemolo; sale q.b.

Procedimento: adagiare un filetto di rombo nel *Varoma* e uno sul vassoio. Tritare l'aglio e il prezzemolo (1', Vel.4); aggiungere l'olio e il peperoncino e soffriggere per 3' 100° Vel.1. Unire i pomodorini: 10'' Vel.3. Versare l'acqua, posizionare il *Varoma* sul coperchio e cuocere per 20' a temp. Varoma, Vel.1. Adagiare i filetti di rombo sopra un piatto da portata e condire con la salsina preparata

8.1.1.75 Ravioli Con Sugo Di Pesce Al Porto

Ingredienti: 400gr. di ravioli con ripieno di pesce; 300gr. di cozze; 16 capesante; 1 scatola di polpa di granchio al naturale; 50gr. di olio; 30gr. di scalogno (o cipolla); 1 spicchio di aglio; 1 bustina di zafferano; 150gr. di panna da cucina; aneto;sale e pepe q.b.

Procedimento: mettere l'acqua nel boccale e posizionare il Varoma, riempito di cozze e di capesante sul coperchio (10' temp. Varoma, Vel.1). Quando le cozze si saranno aperte, togliere il frutto dal guscio. Buttare l'acqua della cottura. Soffriggere nel boccale lo scalogno con l'olio e l'aglio (3' 100° Vel.4); posizionare la farfalla; versare le cozze e le capesante e insaporire per 10' a 80° Vel.1. Unire la panna, lo zafferano, la polpa di granchio tagliata a pezzetti e cuocere per 5' a 80°, Vel.1. Lessare i ravioli in acqua salata, condirli con il sugo e spolverizzare con aneto tritato

8.1.1.76   Seppioline Gratinate

Ingredienti: 1 kg. Di seppioline; 1 uovo; 100gr. di pane raffermo; 1 spicchio di aglio; prezzemolo; 10 cozze nere; 500gr. di acqua.

Procedimento: mettere l'acqua nel boccale e posizionare il Varoma, riempito con le cozze: 15', temp. Varoma, Vel.2. Estrarre il frutto delle cozze e metterlo da parte insieme con l'acqua di cottura. Tritare il prezzemolo, il pane e l'aglio (10'', . Vel.Turbo), pi mettere da parte 3 cucchiai di questo gratin, nel restante aggiungere il frutto delle cozze e l'uovo (10'' Vel.5). Riempire le seppie con l'impasto ottenuto e disporle nel Varoma. Versare nel boccale l'acqua delle cozze ed eventualmente aggiungere dell'altra (in tutto deve essere 500gr.). Posizionare il *Varoma* sul coperchio e cuocere per 20', temp. Varoma, Vel.1. Nel frattempo spargere un po' di gratin, condito con un filo d'olio d'oliva crudo, sul fondo di una teglia, adagiare le seppie, e spargere il rimanente gratin. Condire ancora con un filo d'olio e infornare per 10' a 180°.

8.1.1.77   Ravioli Di Pesce

Ingredienti: l'impasto: 200gr. di farina; 2 uova; 20gr. di olio. Per il ripieno: 300gr. di polpa di nasello o coda di rospo; 1 panino raffermo; 150gr. di burro; 20gr. di parmigiano grattugiato; 2 spicchi di aglio; prezzemolo, sale e pepe q.b.; noce moscata; 1 uovo; 500gr. di acqua.

Procedimento: mettere nel boccale la farina, le uova e l'olio: 20'' Vel.6. Avvolgere la pasta ottenuta in un tovagliolo e lasciare riposare per 20'. Ammollare la mollica di pane nell'acqua e poi strizzarla. Adagiare la polpa del pesce nel Varoma, precedentemente unto di olio. Mettere nel boccale l'acqua, posizionare il *Varoma* sul coperchio e cuocere per 15' a temp. Varoma, Vel.1. Togliere l'acqua dal boccale e scolare il pesce. Amalgamare nel boccale l'uovo, il sale, il pepe e la noce moscata (10'' Vel.5); aggiungere la polpa del pesce e tritare per 30'' a Vel.5. Unire la mollica di pane e il parmigiano grattugiato (30'' Vel.6). Dividere la pasta a metà e preparare due sfoglie sottili. Su una delle due distribuire, formando delle file regolari, dei mucchietti di ripieno (grandi quanto un cucchiaino da caffè). Coprire con l'altra sfoglia di pasta e tagliare i ravioli. Lessarli e condire semplicemente con un soffritto di burro e aglio: 3', 100° Vel.1. Cospargere di prezzemolo fresco tritato prima di servire

8.1.1.78   Seppie E Carciofi

Ingredienti: 1 kg. Di seppie; 4 carciofi; 60gr. di olio; 30gr. di cipolla; 100gr. di vino bianco; 1 spicchio di aglio; prezzemolo; peperoncino; sale q.b.

Procedimento: tagliare a listerelle le seppie. Pulire i carciofi e tagliarli a spicchi. Mettere nel boccale l'aglio, l'olio e la cipolla: 3' a 100° Vel.4. Unire i carciofi a rosolare per 3' a 100° Vel.1. Posizionare la farfalla. Aggiungere le listerelle di seppie (5', 100° Vel.1). Bagnare con il vino bianco, aggiungere il peperoncino tritato e continuare la cottura per 20' a 100° Vel.1. Cospargere di prezzemolo crudo tritato finemente, spruzzare con succo di limone e servire.

8.2 Scampi e gamberi

8.2.1.1 Scampi In Salsa Piccante

Ingredienti: 24 scampi; 50gr. di olio di semi; 100gr. di olio d'oliva; peperoncino; 8 spicchi d'aglio; 1 limone; alloro.

Procedimento: tritare nel boccale 5 spicchi di aglio per 30'' Vel.5, aggiungere l'olio d'oliva, qualche goccia di succo di limone e il sale: 30'' Vel.5. Si ottiene una salsina omogenea che va messa da parte. Privare gli scampi della testa. Soffriggere nel boccale, senza lavarlo, i rimanenti spicchi d'aglio, il peperoncino e l'alloro nell'olio di semi (3' a 100° Vel.4). Unire gli scampi e far cuocere per 10' a 100° Vel.1. Aggiungere ancora qualche goccia di succo di limone e qualche cucchiaiata di salsina e amalgamare per 10'' a Vel.1. Adagiare gli scampi su un piatto da portata e servirli con la salsina rimasta.

8.2.1.2 Linguine Agli Scampi

Ingredienti: 500gr. di code di scmpi; 50gr. diolio; 1 scatola di pomodoro a pezzetti: 1 spicchio d'aglio; 100gr. di cipolla; 50gr. di panna da cucina; 50gr. di vino bianco e brandy; un ciuffo di prezzemolo; peperoncino a piacere.

Procedimento: soffriggere nell'olio l'aglio e la cipolla (3' 100° Vel.4); aggiungere le code degli scampi e cuocere per 3' a 100° Vel.1, versando, di tanto in tanto, il brandy e il vino. Unire poi i pomodori e il sale (20', 100° Vel.1) e, 2' prima del termine della cottura, incorporare la panna e il peperoncino. Con questo sugo condire le linguine e servire con abbondante prezzemolo tritato.

8.2.1.3 Fricassea Di Scampi

Ingredienti x 4: 16 scampi giganti freschi, 2 finocchi, olio, sale, pepe. Per la salsa al limone: 30gr. di succo di limone, 40gr. d'olio, un cucchiaio di vermouth secco, 10 olive nere di Grecia snocciolate, sale, pepe.

Procedimento Preparare la salsa al limone: inserire nel boccale dal foro del coperchio con lame in movimento Vel.4 le olive: 40sec. Vel.4. Posizionare la farfalla e inserire tutti gli altri ingredienti della salsa: 2min Vel.3 e mettere da prate. Inserire ora nel boccale un lt d'acqua e portare ad ebollizione: 10min 100° Vel.1. Lavare i finocchi, affettarli per il lungo e disporli sul fondo del varoma. Aprire a libro le code degli scampi e disporli sopra i finocchi: salare, pepare e spennellare con l'olio. Quando l'acqua bolle posizionare il varoma: 15min *varoma* Vel.2. Al termine disporre scampi e finocchi in un piatto da portata, irrorarli con la salsa e servire subito. Si può sostituire la salsa al limone con la salsa olandese delle "TROTE CON PATATE ".

8.2.1.4 Quiche Di Spinaci E Scampi

Ingredienti: la pasta: 200gr. di farina, 100gr. di burro morbido, un misurino scarso di latte freddo, sale. Per il ripieno: 250gr. di spinacini, 16 scampi (anche surgelati). Per la crema di uova: 10gr. di burro, 20gr. di farina, 1\4 di lt di latte, 3 uova intere + 1 albume.

Procedimento: Mettete nel boccale tutti gli ingredienti per la pasta: 30sec. Vel.3\5. Fate riposare in frigo per 30 minuti. Scottate a *Varoma* gli spinaci: mettete nel boccale un lt d'acqua e un pizzico di sale: 10min temp varoma. Mettete gli spinaci puliti nel *varoma* e fateli scottare 10min a temp varoma. in una pentola con acqua bollente salata fate cuocere 5 minuti gli scampi, levateli e sgusciateli conservando le chele. Preparate la crema di uova mettendo nel boccale burro, farina, latte e uova: 7min 80° Vel.4. Unite gli spinaci e tritateli 30sec. Vel.3\5. Montate l'albume e unitelo alla crema e spinaci. Stendete la pasta e foderate una teglia di 24cm di diametro senza eliminare la pasta in eccedenza. bucherellate la pasta, riempite di 2\3 con la crema di spinaci e affondatevi gli scampi decorando con el chele. Rifinite il bordo della tortiera e infornate a 200° per 30 minuti.

8.2.1.5 Insalata Di Scampi Con Fagioli

Ingredienti: 20 scampi, una scatola di fagioli cannellini, uno spicchio d'aglio, una cimetta di salvia fresca, sale, pepe nero macinato al momento, olio, 4 foglie di radicchio rosso. Cottura degli scampi: togliete la testa agli scampi dopo averli ben lavati. Ponete le teste nel boccale con mezzo litro d'acqua salata: 5min 100° Vel.1. Inserite ora il cestello con gli scampi e cuocete 15min 100° Vel.1.

Procedimento: togliete il cestello con gli scampi e tenetelo da parte. Eliminate l'acqua di cottura e le teste degli scampi e dopo aver sciacquato il boccale, inserite la farfalla, poi mettete la cimetta di salvia, lo spicchio d'aglio, mezzo misurino d'olio e i fagioli sgocciolati e lavati: 3min 100° Vel.1. Intanto sgusciate gli scampi e metteteli in una ciotola dove aggiungerete i fagioli (senza aglio e salvia) e condirete con poco olio, sale e pepe macinato al momento: mescolate e servite in piattini individuali dentro una foglia di radicchio rosso.

8.2.1.6 Crema Di Scampi

Ingredienti x 6: 250gr. di scampi sgusciati e 50gr. per guarnire, 20gr. d'olio, una cipollina, uno spicchio d'aglio, 50gr. di maizena, un pomodoro maturo o due pelati, una bustina di zafferano, un cucchiaio di prezzemolo tritato, un pizzico di erbe di Provenza (?), un lt d'acqua, 100gr. di panna, un cucchiaino di sale.

Procedimento Inserite nel boccale olio, aglio e cipolla: 3min 100° Vel.1. Aggiungete scampi e pomodori: 20sec. Vel.4 e 20sec. Vel.9. Unite acqua, sale, zafferano ed erbe di Provenza: 15min 100° Vel.3. Terminata la cottura introdurre panna, prezzemolo e gli altri scampi: 2min 90° Vel.2. versate nella zuppiera, guarnite con ciuffi di prezzemolo e servite.

8.2.1.7 Farfalle Ai Gamberi E Curry

Ingredienti: 300gr. di gamberi sgusciati, 200 g. di burro, 1 mis. di vino bianco, mezzo cucchiaio di curry. Per il court-bouillon (brodo di pesce): 1 pomodorino maturo, mezza carota, 1 cipollina e pochissimo sedano, 2 cucchiai di vino bianco, qualche grano di pepe nero.

Procedimento: Preparate il court-boullino, come indicato nella prima ricetta di questo capitolo. Inserite nel boccale il burro ed i gamberetti e fateli rosolare per 3min. a 100°, Vel.1; aggiungete 1 mis. di court-bouillon e lasciate cuocere per 10min. a 100°, Vel.1. Unite il vino e fate evaporare: 5min. temp. Varoma, Vel.1, tenendo il mis. inclinato; aggiungete il sale, il curry e lasciate addensare a temp. Varoma, Vel.1, fino ad ottenere una salsa densa e scorrevole. CONSIGLIO: Se non avete il tempo per preparare il brodo di pesce, potete sostituirlo con la medesima quantità di acqua di cottura della pasta: il sugo però ne soffre un poco.

8.2.1.8 Tagliatelle Nere Ai Gamberi E Vongole

Ingredienti: 350gr. di gamberi freschi già sgusciati, 150gr. di vongole veraci già private delle valve, 200gr. di panna da cucina, 50gr. di burro, 1 spicchio d'aglio, 1 cucchiaio di prezzemolo spezzettato, 1 peperoncino, sale q.b.

Procedimento: Inserite nel boccale il burro, l'aglio, il peperoncino e fate il soffritto: 3min. a 100°, Vel.4; unite il prezzemolo, le vongole, i gamberi, il sale e lasciateli cuocere per 5min. a 100°, Vel.1. Aggiungete la panna, e amalgamate bene: 15sec. Vel.1. Aggiustate di sale e condite le tagliatelle colorate al nero di seppia ben scolate e cotte al dente. Questo sugo è un po' laborioso, ma ottimo e di sicuro effetto. SEGRETO: I sughi con crostacei o molluschi si abbinano sempre con paste lunghe e non forate, più o meno sottili a seconda della delicatezza o della "robustezza" del sugo.

8.2.1.9 Salsa Di Gamberetti

Ingredienti: 250gr. di gamberetti lessati e 50gr. per guarnire, 2 uova, olio di semi, sale, pepe, succo di un limone, 2 cucchiai di ketchup, 5 gocce di tabasco, 2 cucchiai di yogurt, una goccia d'aceto.

Procedimento: Inserire nel boccale uova, succo di limone, ketchup, tabasco, yogurt e aceto: 45sec. Vel.8 versando l'olio a filo. Aggiungere i gamberetti: 7sec. Vel.4. Disporre in una coppa e guarnire con i gamberetti.

8.2.1.10 Risotto Con Gamberi E Gorgonzola

Ingredienti: 500gr. di riso; 300gr. di gamberetti già sgusciati; 50gr. di burro; 20gr. di cipolla; 1 spicchio di aglio; 1 mis. Di vino bianco; 1 litro di acqua; dado; 100gr. di gorgonzola e mascarpone; prezzemolo; pepe q.b

Procedimento: mettere, con le lame in movimento l'aglio e la cipolla nel boccale: 10'' Vel.4, aggiungere il burro e soffriggere per 3' a 100° Vel.1. Posizionare la farfalla, versare il riso, il vino e i gamberi e far tostare per 2' a 100° Vel.1. Aggiungere il brodo (acqua e dado) e continuare la cottura per 20' a 100° Vel.1. Durante l'ultimo minuto inserire il gorgonzola, versare il risotto nella risottiera e guarnire con il prezzemolo e il pepe.

8.2.1.11 Crespelle Con Gamberetti In Salsa Tonnata

Ingredienti: il ripieno: 300gr. di gamberetti freschi; 1 dose di salsa tonnata; salsa Worcester; prezzemolo; 500gr. di acqua.

Procedimento: preparare la pastella per le crespelle secondo la ricetta base e lasciarla riposare per circa 30'. Nel frattempo dedicarsi al ripieno. Preparare la salsa tonnata (ricetta base) aggiungendo, alla fine, poche gocce di salsa Worcester e versarla in una ciotola. Mettere l'acqua nel boccale e immergervi il cestello riempito con i gamberetti: 10' 100° Vel.3. Sgusciare i gamberetti, farli raffreddare e unirli alla salsa tonnata. In una apposta padella far riscaldare il burro, versarvi qualche cucchiaiata di pastella e lasciare dorare da una parte, rigirare e far dorare anche dall'altra. Procedete così fino a esaurimento della pastella. Queste le crepes si sono raffreddate farcirle con il ripieno, arrotolarle e disporle su un piatto da portata.

8.2.1.12 Zuppa Di Gamberi E Ceci

Ingredienti: 500gr. di gamberetti sgusciati; 500gr. di ceci già lessati; 30gr. di cipolla 30gr. di carota; 250gr. di ditalini; 500gr. di acqua.

Procedimento: tritare l'aglio, la cipolla e la carota (20'' Vel.4), aggiungere l'olio e soffriggere per 3' a 100° Vel.4. Dopo aver posizionato la farfalla unire i gamberetti e fare insaporire per 2' a 100° Vel.1. Mettere nel boccale l'acqua e i ceci già lessati, portare a ebollizione (5', 100° Vel.1), quindi buttare la pasta e cuocere per 9' a 100° Vel.1. Aggiustare sale e pepe e servire la zuppa calda.

8.2.1.13 Gamberetti Con Pannocchiette Di Granoturco

Ingredienti x 4: 300gr. di pannocchiette in vasetto, 2 gambi di sedano, 4 cipolline primavera, 1\2 cespo d'insalata belga, 300gr. di gamberetti sgusciati, un cucchiaio di scorza grattugiata di limone, un cucchiaio di succo di limone, qualche goccia di tabasco, sale. Per la marinata: uno spicchio d'aglio schiacciato, 3 cucchiai di sherry, 3 cucchiai di salsa di soia.

Procedimento: Pulire le verdure, togliere le pannocchiette dal vasetto, tagliarle a metà per il lungo, tagliare le cipolline a fettine sottili e il sedano e la belga in piccoli pezzetti. Mescolare aglio, sherry, salsa di soia in una ciotola e immergervi le pannocchiette, mescolare bene e lasciare a marinare coperto per 2 ore. Disporre ora cipolla, sedano, pannocchiette tolte dalla marinata (che va conservata) nel varoma, con sopra l'insalata belga. Posizionare i gamberetti nel vassoio e salarli. Inserire nel boccale 500gr. d'acqua: 6min 100° Vel.1. Quando l'acqua bolle posizionare sul boccale il *varoma* ben chiuso e cuocere: 20min *varoma* Vel.1. Al termine cospargere i gamberetti con la scorza di limone grattugiata. Disporre tutto in un piatto, condire con la marinata rimasta, il tabasco, il succo di limone e mescolare distribuendo con garbo le pannocchiette. Questo piatto è ottimo servito con riso al vapore.

8.2.1.14 Cocktail Di Gamberetti

Ingredienti (per 6 persone) 1 cespo di lattuga, 500gr. di gamberetti lessati, olio, limone e sale q.b. 1 dose di maionese, 1 cucchiaio di salsa Worchester, 2 cucchiai di ketchup, 2 cucchiai di brandy

Procedimento Inserire tutti gli ingredienti, tranne la lattuga e i gamberetti: 20sec. Vel.2. Insaporire i gamberetti con olio e limone. Scegliere dal cespo di lattuga 6 belle foglie bianche lavate e asciugate che serviranno da base nelle coppe. Tagliare le rimanenti foglie a listarelle finissime e stenderne un sottile strato su ogni singola foglia. Versare nelle coppe i gamberetti e ricoprirli con la salsa cocktail.

8.2.1.15   Riso Con Gamberetti

Procedimento Fare il soffritto (carota, cipolla, zucchina, sedano), 30gr. di olio, 4' 100° Vel.1. Metto il riso, 1 bicchiere di vino bianco secco e cucino per 3-4' a Vel.1 a temp. 100°. A questo punto aggiungo il resto dell'acqua, il dado, i gamberetti e cucino ancora per altri 8' circa, controllando poco prima del termine, se il riso è bello asciutto. Tieni presente che i gamberetti tendono a restringersi se cucinati troppo. L'ideale sarebbe quindi, farli lessare in precedenza o col *Varoma* mentre cucini il riso e, aggiungerli al riso solo durante gli ultimi 2' di cottura. Questa è una scelta che devi fare tu.

8.2.1.16   Spaghettini Ai Gamberetti E Pomodori Crudi

Ingredienti: 200gr. di pomodori maturi e ben sodi, 300gr. di gamberetti freschi, 70gr. di olio extra vergine di oliva, 3 spicchi d'aglio, sale, pepe, prezzemolo q.b.
Procedimento: Sgusciate i gamberetti e teneteli da parte. Togliete il torsolo e i semi ai pomodori, metteteli nel boccale, triturateli grossolanamente per 30sec. a Vel.3 e teneteli da parte. Senza lavare il boccale, inserite ora l'aglio, l'olio e fate soffriggere per 3min. a 100°, Vel.1. Eliminate l'aglio, posizionate la farfalla, inserite i gamberetti, il sale e fateli insaporire per 3min. a 100°, Vel.1; aggiungete i pomodori: 3min. a 100°, Vel.1. Versate gli spaghettini appena scolati in una terrina calda, ricopriteli con il sugo, mescolate delicatamente e cospargeteli con prezzemolo tritato e con una spolverata di pepe macinato al momento. CONSIGLIO: Questo sugo può condire anche linguine o tagliolini. Se non avete i gamberetti freschi, potete usare anche quelli congelati, sono buoni lo stesso.

8.2.1.17   Zuppa Di Ceci E Gamberetti

Ingredienti 250gr gamberetti 300gr di riso, una scatola di ceci, 1 scalogno, 1 mis di vino bianco, 30gr. di olio, sale e peperoncino qb, uno spicchio d'aglio, aghi di rosmarino. Ù
Procedimento inserire nel boccale olio, aglio, scalogno e qualche ago di rosmarino 3' 100° Vel.4. Aggiungete metà della scatola di ceci e frullate qualche secondo: vel 4/5.Aggiungete il vino bianco e rosolate 2' 100° Vel.3. Inserite la farfalla, i gamberetti, i ceci rimasti e 650gr. di acqua e dado. Cocete 15' 100° Vel.1.Versate il riso e cocete 13' 100° Vel.1. Spolverizzate con peperoncino e servite calda.

8.2.1.18   Riso Con Gamberetti E Verdurine

Ingredienti: verdure in abbondanza per soffritto; 20gr. di olio extravergine; 200gr. di gamberetti sgusciati tenerissimi; 1 dado oppure un cucchiaino di dado bimby; formaggio grattugiato a volontà; una noce di burro.
Procedimento: Tritare a Vel.4 tutte le verdure per il soffritto (carota, sedano, cipolla, zucchina), far cuocere con l'olio a Vel.1 e a temp. 100°. Mettere la farfalla, 320gr. di riso (3 misurini interi), 620gr. di acqua (se il riso piace più liquido aggiungere 20gr. di acqua, a me piace piuttosto asciutto), il dado e i gamberetti e cuocere a 1oo° Vel.1 per 11'. A questo punto aggiungere nel boccale il parmigiano grattugiato e il burro, quindi, cuocere per altri 2'. Controllare adesso il livello di cottura del riso, se è troppo liquido cuocere ancora 1' a Vel.1 temp. Varoma, per asciugarlo, e se è ancora al dente, lasciare in autocottura ancora per un altro minuto. Attenzione a non eccedere con i minuti di cottura, in genere la porzione per 4 richiede circa 14' in tutto, ma dipende molto dal tipo di riso. Il riso è molto gustoso e risulta cremoso grazie al burro e al formaggio aggiiunti a fine cottura.

8.2.1.19   Riso Al Curry Con Gamberi

Ingredienti: 400gr. di gamberi, 400gr. di riso, ½ l. acqua, dado Bimby, ½ cipollina, 1 mis. Di panna, 30gr. di farina, olio, curry.

Procedimento: Inserisci nel boccale acqua e dado: 10 minuti 100° Vel.1. Posiziona il cestello con il riso, inserisci i gamberi nel Varoma: 15min temp. *Varoma* Vel.4. Togli il cestello e tieni il riso al caldo tenendo da parte 4 misurini del liquido di cottura. Soffriggi olio e cipolla: 3min. 90° Vel.4, aggiungi acqua, panna, farina e curry: 5min 90° Vel.4. Condisci il riso con la salsa, sistemalo in uno stampo a ciambella e mettilo in forno a 180° per 5 minuti. Rovesciarlo su un piatto da portata e guarnire con i gamberi.

8.2.1.20 Risotto Allo Spumante E Gamberetti

Ingredienti. 30gr. di burro (o olio), 30gr. di gamberetti in salamoia, 200gr. di riso, 280gr. di vino spumante brut, 20/30gr. di acqua, sale.

Procedimento Inserire burro e cipolla 3min. 100° Vel.4. Posizionare la farfalla aggiungere i gamberetti e il riso 1min. 100° Vel.1. Unire lo spumante e far andare 10min. 100° Vel.1 controllando il liquido, quando è evaporato aggiungere se serve l'acqua per finire la cottura con altri 5min. A mio marito è piaciuto molto più che a me, io avrei messo meno spumante; forse 250 sarebbe stato suff. e poi se volete renderlo un pò più cremoso forse si potrebbe aggiungere della panna a fine cottura. Io, come ho detto, ero a corto di ingredienti e ho usato solo questi. Provate e sappiateci dire. Se per caso più avanti lo riprovo vi aggiorno su eventuali modifiche. (Non so se avete notato: io uso 200gr. di riso per 2 persone e sinceramente mi sembra ancora poco!)

8.2.1.21 Mezze Penne Con Zucca E Gamberi

Ingredienti: 500gr. di zucca pulita, 500gr. di mezze penne, 500gr. di code di gambero, 50gr. di burro, 1 scalogno piccolo, 2 foglie di salvia, 1 mis. di latte, 800gr. di acqua, 1 pizzico di noce moscata, sale q.b., parmigiano, prezzemolo- **Procedimento:** Inserire nel boccale burro, scalogno, salvia e circa 200gr. di zucca: 3min. 100°C Vel.4. Aggiungere la restante zucca: 10sec. Vel.4. Unire il latte e cuocere 5min. 90°C Vel.1. Porre la farfalla sulle lame e aggiungere l'acqua: 6min. 100°C Vel.1. Introdurre la pasta nel boccale e cuocere per il tempo indicato nella confezione più 2min. A tremin. dal termine aggiungere dal foro del coperchio i gamberi ed una grattatina di noce moscata. Versare in una pirofila e servire cosparsa di parmigiano "verde". E' ottima!! Attenzione al tipo di pasta, questa ricetta è adatta a pennette con tempo di cottura attorno ai 12min. altrimenti bisogna diminuire il quantitativo di acqua.

8.2.1.22 Sugo Gamberetti E Fiori Di Zucca

Ingredienti: 300gr. di gamberetti; 20 fiori di zucca; 3/4 pomodori ciliegina; 70gr. di olio extra vergine; un cucchiaio di prezzemolo tritato; 1 spicchio di aglio; sale e pepe q.b-. Per il court-bouillon (brodo di pesce): un pomodorino maturo; 1/2 carota; 1 cipollina e pochissimo sedano; 2 cucchiai di vino bianco; qualche grano di pepe nero.

Procedimento: sgusciate i gamberetti, teneteli da parte e mettete nel cestello i gusci e le teste. Preparate quindi il court-bouillon. Mettete nel boccale 300gr. di acqua, poco sale e tutti gli ingredienti indicati; posizionate il cestello con i gusci e mettete in cottura: 10' a 100° Vel.2. Al termine della cottura, versate il brodo ottenuto in una piccola ciotola, filtrandolo attraverso il cestello; strizzate bene il tutto e tenete il court-bouillon da parte. Inserite ora nel boccale l'olio, l'aglio e fate rosolare per 3' a 100° Vel.4. unite i fiorni di zucca tagliati a listarelle, i pomodorini privati dei semi e a pezzetti, il sale e mettete in cottura per 12' a 100° Vel.1. Trascorsi 6' aggiungete 1 misurino di brodo di pesce. Al termine unite i gamberetti sgusciati: 3' a 100° Vel.1; e se lo ritenete necessario aggiungete qualche cucchiaio ancora di court-bouillon. VErsate il sugo sulla pasta prescelta cotta al dente e ben scolata; mescolate delicatamente, cospargetele con il prezzemolo tritato, spolverizzate con pepe nero macinato al momento e guarnite con qualche gamberetto tenuto da parte. Questo sugo è perfetto per condire delle farfalle.

8.3   I sapori del mediterraneo

8.3.1   Il Pesce Azzurro

8.3.1.1   Maccheroncini Con Acciughe E Prezzemolo

Ingredienti: 400gr di maccheroncini; 1 peperone rosso e 1 giallo; 8 filetti di acciuga; 1spicchio di aglio; 100gr di olio; 100gr di cipolla; 4 pomodorini perini; peperoncino; sale q.b.; prezzemolo e basilico.

Procedimento: soffriggere l'aglio e la cipolla nell'olio per 3' a 100° Vel.4; aggiungere poi i filetti di acciuga sminuzzati (2' 100° Vel.1), i peperoni tagliati a quadratini (10'; 100° Vel.1), il sale e il peperoncino. Incorporare i pomodori perini tagliati e continuare la cottura per15' a 100° Vel.1. Con questo sughetto condire la pasta aggiungendo all'ultimo, prezzemolo e basilico.

8.3.1.2   Zuppa Di Acciughe

Ingredienti: 900gr di acciughe fresche; 1 mis. di olio; 50gr di scalogno (o cipolla); 1spicchio di aglio; 50gr di carota; 50gr di sedano; 6 pomodorini perini; 20gr di conserva di pomodoro; 1 litro di acqua; prezzemolo; sale e pepe q.b..

Procedimento: lavare e asciugare le acciughe dopo aver tagliato loro testa e coda edeliminato le viscere. Nel boccale tritare per 30" Vel.5 lo scalogno, l'aglio, la carota e ilsedano, aggiungere l'olio e soffriggere per 3'. a 100° Vel.4. Unire i pomodori schiacciati: 5'a 100° Vel.4; la conserva di pomodoro, l'acqua e i pezzetti di acciughe: 30', 100° Vel.3;infine salare e pepare. Guarnire la zuppa con prezzemolo fresco tritato e servirla accompagnata da crostini di pane tostati.

8.3.1.3   Sgombro In Umido Con Verdure

Ingredienti: 1 kg. di filetti di sgombro; 800gr di patate; 200gr di pomodori; 1 peperone;80gr di olio d'oliva; 100gr di acqua; 2 spicchi di aglio; 30gr di cipolla; sale e peperoncino q.b.

Procedimento: pelare e tagliare a cubetti le patate; tagliare a listerelle i peperoni. Far soffriggere nell'olio l'aglio e il peperoncino (3', 100°, Vel.4); quindi posizionare la farfalla e aggiungere i pomodori tagliati a pezzettoni, le patate pelate e tagliate a cubetti, il peperone tagliato a listerelle, l'acqua e il sale. Ungere il *Varoma* con l'olio e adagiarvi i filetti di pesce, poi posizionarlo sul coperchio e far cuocere tutto per 15' a temperatura Varoma, Vel.1. A fine cottura mettere il pesce su un piatto da portata e condirlo con il sughetto di verdure.

8.3.1.4   Alici Al Pomodoro

Ingredienti: 600gr di alici; 250gr di pomodori pelati; 2 spicchi di aglio; 50gr di olio; 30gr. di cipolla; peperoncino; prezzemolo; sale q.b.

Procedimento: pulire le alici, privarle della testa e delle lische, lavarle e metterle in una ciotola con acqua salata. Dopo aver tritato la cipolla e l'aglio nel boccale (10" Vel.5)aggiungere l'olio e soffriggere per 3' a 100° Vel.1. Unire i pelati, il peperoncino e il sale: 10', 100° Vel.1. Nel frattempo disporre le alici nel Varoma, posizionarlo sul coperchio e cuocere per 10' a temp. Varoma, Vel.1. Ultimata la cottura, versare la salsa in un piatto da portata, sistemare le alici a raggiera e decorare con prezzemolo tritato.

8.3.1.5   Mousse Fredda Di Aringhe

Ingredienti: 150gr di filetti di aringa affumicata; 1 spicchio di aglio; 150gr di ricotta; 30gr. di cipolla; 250gr di latte; pepe q.b.

Procedimento: dopo aver eliminato eventuali lische dai filetti di aringa, metterli in una ciotola con il latte e lasciarli macerare per 2 ore circa girandoli ogni tanto. Con le lame in movimento inserire nel boccale l'aglio, la cipolla e le aringhe precedentemente scolate e asciugate con un canovaccio: 10" Vel.6. Aggiungere la ricotta e frullare per 1' a Vel.6quindi insaporire con il pepe. Versare questo composto, che deve risultare liscio e omogeneo, in uno stampo foderato con un foglio di pellicola trasparente e porlo in frigorifero per 10-12 ore. CApovolgere la mousse di aringa sul piatto da portata, eliminare la pellicola trasparente, decorare a piacere e servire fredda.

8.3.1.6 Involtini Di Tonno

Ingredienti: 8 fette di tonno fresco; 100gr di tonno fresco; 100gr di latte; 50gr di mollica di pane raffermo; 1 spicchio di aglio; 2 uova; 20gr di pecorino; 1 mis. di olio; 20gr di cipolla; 300gr di pomodori pelati; sale e pepe q.b.

Procedimento: tritare il tonno per 30" Vel.3 e metterlo da parte. Mettere nel boccale l'aglio, il prezzemolo e l'uovo sodo (20" Vel.4); quindi aggiungere il sale, il pepe, il pecorino, il tonno tritato, la mollica del pane, precedentemente bagnata nel latte e strizzata, e 1 uovo intero. Impastare per 40" Vel.4. Spalmare il composto ottenuto sulle fette di tonno, arrotolarle e fissarle con due stecchini. Adagiare gli involtini nel *Varoma* e, senza lavare il boccale, soffriggere la cipolla nell'olio per 3' a 100° Vel.1; unire poi i pomodori, il sale e il pepe e amalgamare per 30" Vel.4. Posizionare il *Varoma* sul coperchio e cuocere per 25'a temp. Varoma, Vel.1. Adagiare gli involtini in un piatto da portata e condirli con il sugo e un trito di prezzemolo fresco.

8.3.1.7 Acciughe Ripiene

Ingredienti: 16 acciughe fresche; 30gr di mollica di pane; 20gr di parmigiano grattugiato;20gr di olio di oliva.

Procedimento: pulire le acciughe, privarle delle lische, lavarle ripetutamente e asciugarle. Mettere nel boccale l'aglio e il prezzemolo (20" Vel.4); poi unire la mollica di pane, il parmigiano, poco sale e il pepe (30" Vel.5); infine incorporare l'olio (30" Vel.5). Riempire la pancia delle acciughe con questo composto, poi schiacciarle leggermente tra i palmi delle mani in modo da far fuoriuscire il ripieno in eccedenza. Adagiarle in una pirofila, cospargerle con pane grattugiato e gratinare in forno per 20' a 100°.

8.3.1.8 Polpette Sarde

Ingredienti: 500gr di sarde fresche; 1 uovo; 30gr di pinoli e uvetta; 50gr di pangrattato;50gr di parmigiano; prezzemolo; sale e pepe q.b.

Procedimento: pulire bene le sarde e privarle delle lische. Mettere nel boccale, con le lame in movimento, il prezzemolo (30" Vel.4); unire tutti gli altri ingredienti e amalgamare(30" Vel.2-3). Togliere dal boccale il composto, formare le palline, infarinarle, friggerle, e servirle accompagnate da salsa verde. Attenzione a non confondere la sarda con la comune sardina, si tratta infatti di specie diverse.

8.3.1.9 Aguglie Al Limone

Ingredienti: 800gr di aguglie piccole; 100gr di vino bianco; 1 spicchio di aglio; prezzemolo; 50gr di olio; sale e pepe q.b.; 100gr di acqua; succo di 2 limoni.

Procedimento: Eliminare testa e coda alle aguglie, poi lavarle, sgocciolarle bene e adagiarle nel Varoma. Soffriggere nel boccale l'aglio e il prezzemolo nell'olio per 3' a 100° Vel.1. Aggiungere il vino, l'acqua e il succo di limone; poi posizionare il *Varoma* sul coperchio e cuocere per 15' a temp. Varoma, Vel.1. Sistemare le aguglie sopra un piatto da portata e guarnirle con prezzemolo.

8.3.1.10 Filetto Di Aguglie Alla Pizzaiola

Ingredienti: 4 filetti di aguglia; 400gr di pomodori pelati; 30gr di cipolla; 1 spicchio d'aglio; 50gr di olio; prezzemolo; origano; sale e pepe q.b.

Procedimento: sistemare i filetti di aguglia nel *Varoma* precedentemente unto di olio. Nel boccale preparare un soffritto con la cipolla, l'aglio e l'olio (3' 100°, Vel.4), aggiungere i pomodori pelati e schiacciati, il sale, il pepe e un pizzico di origano. Posizionare il *Varoma* sul coperchio e cuocere per 20' a temp. *Varoma* Vel.2. Una volta cotti, adagiare i filetti su di un piatto da portata, ricoprirli con la salsa profumata all'origano e guarnire con prezzemolo fresco tritato.

8.3.1.11 Rotoli Di Sardine In Salsa

Ingredienti: 500gr di sardine; 300gr di pomodori; 50gr di olio; 50gr di ricotta; 50gr di parmigiano; 1 tuorlo d'uovo; 1 spicchio di aglio; prezzemolo; sale e pepe q.b.
Procedimento: eliminare la testa alle sardine, aprirle e togliere le lische. Mettere nel boccale, con le lame in movimento, il prezzemolo e l'aglio e tritare per 30" Vel.4. Aggiungere la ricotta, il tuorlo d'uovo, il parmigiano e impastare per 30" a Vel.4. Spalmare questo composto sui filetti di sardine; arrotolarli, fissarli con uno stecchino e adagiarli sul *Varoma* precedentemente unto con olio. Soffriggere nel boccale l'aglio nell'olio per 3' a 100° Vel.4; aggiungere i pomodori. Posizionare il *Varoma* sul coperchio e cuocere per 15' a temp. Varoma, Vel.3. Adagiare i rotoli di sardine in una pirofila da forno, coprirli con la salsa di pomodoro e infornare a 180° per 10'.

8.3.1.12 Tagliolini Mare E Monti

Ingredienti: 200gr di sardoni; 2 alici sott'olio; 500gr di pelati; 150gr di funghi; 30gr di cipolla; 1 spicchio di aglio; 50gr di vino bianco; sale e peperoncino quanto basta; prezzemolo.
Procedimento: dopo aver preparato il soffritto con l'aglio e la cipolla e l'olio (3', 100° Vel.4), posizionare la farfalla, inserire nel boccale i funghi tagliati a fette e trifolare per 10' a 100° Vel.1. Aggiungere le acciughe e i sardoni tagliati a pezzi, il sale e il peperoncino: 5' 100° Vel.1. Unire infine i pelati tagliati a pezzi e cuocere per 20' a 100°, Vel.1. Con questo sugo condire i tagliolini e, prima di portarli in tavola, spolverarli con prezzemolo fresco. **Osservazioni::** sardone è il termine dialettale per indicare l'acciuga.

8.3.2 I Molluschi

8.3.2.1 Guazzetto Di Moscardini E Favette

Ingredienti: 500gr di moscardini; 200gr di fave fresche sgranate; 200gr di pomodori a pezzettoni; 1 mis. di vino bianco; 2 scalogni o 50gr di cipolla; 50gr di olio d'oliva; prezzemolo tritato; 500gr di acqua; sale e pepe q.b..
Procedimento: inserire nel boccale l'acqua, immergervi il cestello riempito con le fave e cuocere per 10' a 100° Vel.1. Scolare bene le fave (buttando l'acqua di cottura) e togliere le pellicine. Soffriggere nel boccale l'olio, lo scalogno e il peperoncino (3', 100° Vel.4). Posizionare la farfalla, versare i moscardini e farli insaporire per 2', 100° Vel.1. Aggiungere il vino (e farlo evaporare per 3' a 100° Vel.1); e le fave (10', 100°, Vel.1). Versare il guazzetto in una zuppiera e cospargere con prezzemolo tritato. Servire caldo.

8.3.2.2 Zuppa Alla Cambusa

Ingredienti: 400gr di moscardini; 300gr di patate; 250gr di ditaloni rigati; 100gr di pelati sgocciolati; 1 spicchio d'aglio; 20gr di cipolla; prezzemolo; 450gr di acqua; 40gr di olio d'oliva; 50gr di vino bianco; sale q.b.
Procedimento: soffriggere nel boccale l'olio, l'aglio e la cipolla: 2' 100° Vel.3. Posizionare la farfalla, aggiungere i moscardini e rosolare per 2' a 100° Vel.1. Bagnare poi con il vino, fare insaporire per 2' a 100° Vel.1 e unire le patate pelate e tagliate a cubetti, i pelati, l'acqua: 10' 100° Vel.1. Buttare infine la pasta e continuare la cottura per 10' a 100° Vel.1. All'ultimo momento condire con olio crudo e prezzemolo tritato.

8.3.2.3 Seppie Ripiene Con Patate

Ingredienti: 12 seppie; 200gr di pane raffermo; 2 spicchi di aglio; 300gr di acqua; 100gr di olio d'oliva; 250gr di pomodorini; 500gr di patate; prezzemolo; sale e pepe q.b.

Procedimento: inserire nel boccale 1 spicchio di aglio 10" Vel.6, aggiungere un po' di prezzemolo, il pane raffermo e 100gr di acqua e impastare per 30" Vel.6. Con il soffice impasto ottenuto riempire le seppie, adagiarle sul vassoio del *Varoma* e condirle con una parte dei pomodori tagliati a pezzi, sale e un filino di olio. Mettere nel *Varoma* le patate precedentemente pelate e tagliate a pezzetti. Rosolare nel boccale (senza lavarlo) l'olio, l'aglio e il prezzemolo per 3' a 100°, Vel.4; poi inserire i tentacoli delle seppie, 2' 100° Vel.1. Aggiungere infine 200gr di acqua, posizionare il *Varoma* e il suo vassoio sul coperchio e far cuocere per 35' a temp. Varoma, Vel.1. A fine cottura adagiare sopra un piatto le seppioline e le patate e condire con qualche cucchiaio di sugo. il sughetto avanzato è ottimo per condire trofiette, cavatelli o ditaloni. Per gustare un ottimo primo piatto basta aggiungere 500gr di acqua, farla bollire 12' 100° Vel.1, quindi versare la pasta e scolarla seguendo i tempi di cottura richiesti più 2' circa.

8.3.2.4 Moscardini Alla Siracusana

Ingredienti: 800gr di moscardini; 50gr di olio; 100gr di cipolla; 100gr di vino bianco; 1 spicchio di aglio; origano; sale e pepe q.b.

Procedimento: mettere nel boccale la cipolla e l'aglio e tritare per 20" a Vel.4; aggiungere l'olio e soffriggere per 5' a 100° Vel.2. Posizionare la farfalla e aggiungere i moscardini, il sale, il pepe il vino bianco e cuocere per 30' a 100° Vel.1. Insaporire con un pizzico d'origano e servire tiepidi.

Osservazioni: x: Per distinguere i moscardini dai polipetti basta guardare le ventose sui tentacoli: i primi ne hanno una sola fila, che arriva fino alla punta dei tentacoli, mentre i secondi ne hanno due file.

8.3.2.5 Linguine Alle Seppie

Ingredienti: 500gr di linguine; 500gr di seppie; 80gr di olio; 4 pomodori pelati; 50gr di pane grattugiato; 50gr di cipolla; 1 litro di brodo (acqua e dado Bimby); peperoncino q.b.

Procedimento: mettere nel boccale 20gr di olio e scaldare per 3' a 100° Vel.1, aggiungere il pane grattugiato, farlo tostare per 2' a 100° Vel.3 e versare tutto in una ciotola. Mettere nel boccale, senza lavarlo, 50gr di olio, la cipolla e il peperoncino: 3' 100° Vel.4. Aggiungere i pomodori pelati e le seppie e cuocere per 15' a 100° Vel.1; poi versare l'acqua e il dado 10' 100° Vel.1. Inserire, dal foro del coperchio, la pasta e cuocere per 9' a 100° Vel.1. Versare sopra un piatto da portata e condire con il pane tostato.

8.3.2.6 Seppie Con Gallinacci

Ingredienti: 1 kg. di seppie; 600gr di funghi gallinacci; 100gr di cipolla; 3 pomodori pelati; 2 spicchi di aglio; 10 mondarle tostae; 100gr di vino bianco; 100gr di olio; sale e pepe q.b.

Procedimento: tritare nel boccale due spicchi di aglio e le mandorle (precedentemente tostate nel forno) per 10" Vel.6, quindi versare il composto in una ciotola, diluirlo con il vino bianco e fare marinare. Con le lame in movimento a Vel.4, buttare la cipolla e sminuzzarla per 10"; aggiungere l'olio e soffriggere per 3' a 100° Vel.1. Posizionare la farfalla, unire le seppie tagliate a listerelle (10' 100° Vel.1), i pomodorini (3' 100° Vel.1), i funghi e il sale (10', 100° Vel.1). Infine aggiungere la marinata di mandorle e aglio e cuocere ancora per 10' a 100° Vel.1.

8.3.2.7 Seppioline Con Salsa Tonnata Magra

Ingredienti: 750gr di seppioline; 170gr di tonno sott'olio; 125gr di yogurt magro; 1 acciuga sott'olio; 20gr di capperi; 500gr di acqua; sale q.b.

Procedimento: mettere le seppioline nel cestello. Tritare per 20" a Vel.6 i capperi, l'acciuga e il tonno; aggiungere lo yogurt e amalgamare per 20" a Vel.8. Togliere questa salsa dal boccale e, senza lavarlo, versare l'acqua. Posizionare poi il cestello e cuocere per 25' a 100° Vel.3. Scolare le seppioline e condirle con la salsina tonnata.

8.3.2.8   Polpo Alla Nizzarda Con Patate

Ingredienti: 1kg polpo 1kg di patate, 1 kg di cipolle 2 spicchi di aglio 20gr farina 2 misurini di salsa di pomodoro 100gr vino pepe e prezzemolo. Pelare e tagliare a tocchetti le patate e mettere nel *varoma* condite con il sale e il pepe. Buttare nel boccale con le lame in movimento l'eglio e la cipolla (10sec. Vel.5, aggiungere l'olio e soffriggere 3min. 100 Vel.4.Posizionare la farfalla e unire il polpo tagliato a pezzi 5min. 100 Vel.1. Bagnare con il vino bianco e lasciarlo evaporare per 2min. 100 Vel.1. Versare la salsa di pomodoro posizionare il *varoma* sul coperchio e far cuocere per 20min. *varoma* Vel.1. Durante l'ultimo minuto per far addensare la salsa aggiungere la farina. Versare le patate e il polpo in una zuppiera mescolare bene e servire.

8.3.2.9   Ditali Al Polpo

Ingredienti: 1kg di cozze nere, 1 kg di polpo, 250 di ditali 1 spicchio di aglio, 1 cipolla 4 pomodori pelati 1 peperoncino 50gr olio 100 di vino, prezzemolo. Sistemare le cozze nel *varoma* condite con il prezzemolo e l'aglio. Soffriggere nel boccale olio aglio cipolla e peperoncino 3min. 100 Vel.4. Aggiungere il polpo tagliato a pezzi e il vino 10min. 100 Vel.1, unire i pomodori e il prezzemolo posizionare il *varoma* sul coperchio e cuocere per 20min. temp.*varoma* Vel.1 a fine cottura togliere il *varoma* inserire la pasta nel boccale e cuocere per 9min. a 100 Vel.1

8.3.2.10   Insalata Russa Di Mare

Ingredienti: 200gr di gamberetti; 250gr di tottani; 150gr di piselli; 15 olive verdi snocciolate; 20gr di capperi; aceto; 1 dose di maionese (come da ricetta base); 400gr di acqua.

Procedimento: tagliare a pezzi i totani e tritare le olive e i capperi per 20" Vel.4. Dopo aver preparato la maionese, toglierla dal boccale e, senza lavarlo, aggiungere l'acqua e una spruzzata di aceto. Mettere i totani e i gamberetti nel cestello, i piselli nel Varoma. Posizionare il cestello nel boccale e il *Varoma* sul coperchio: 20' temp. Varoma, Vel.4. Far raffreddare il pesce e i piselli, quindi amalgamare la maionese e aggiungere i capperi e le olive. Guarnire con ciuffi di prezzemolo.

8.3.2.11   Linguine Ai Calamari

Ingredienti: 350gr di linguine; 300gr di calamari; 400gr di pomodori pelati; 2 spicchi di aglio; 50gr di olio d'oliva; 30gr di capperi; 8 olive bianche snocciolate; prezzemolo; sale e pepe q.b. **Ingredienti:** tritare nel boccale il prezzemolo e l'aglio 20" Vel.6, versare l'olio e soffriggere per 3' a 100° Vel.1. Unire i capperi, le olive, i calamari tagliati a listerelle e cucere per 3' a 100° Vel.1. Infine aggiungere i pomodori pelati, il sale e il peperoncino 25' 100° Vel.1, Condire con questo sugo le linguine e guarnire con prezzemolo fresco tritato.

8.3.2.12   Risotto Con Seppioline E Ruchetta

Ingredienti: 600gr di seppie tenere; 500gr di riso; 1 mis. di vino bianco; 900gr di acqua; 1 cipolla media; 1 spicchio di aglio; 1ualche foglia di ruchetta; 1 mis. di passata di pomodoro (oppure 5 o 6 pomodorini); prezzemolo tritato; 1 mis. di olio; sale e pepe q.b.

Procedimento: tagliare le seppie in pezzi quadrati. Soffriggere nel boccale l'aglio, l'olio e la cipolla 3' 100° Vel.4, posizionare la farfalla e unire le seppie: 5' 100° Vel.1. Bagnare con il vino e farlo evaporare, lasciando il coperchio senza il misurino, per 3' a 100° Vel.1. Aggiungere l'acqua e il riso 20' 100° Vel.1, sale q.b. Versare in una risottiera, mescolare e, dopo aver aggiunto le foglie di ruchetta tagliate a pezzetti, aggiustare di pepe. Se il liquido di cottura non fosse sufficiente aggiungere, a metà cottura, 2 mis. di acqua calda.

8.3.2.13 Calamari Ripieni

Ingredienti: 1kg di totani o calamri 4 pomodori maturi 1 filetto di acciuga 2 panini raffermi 1 uovo 50 parmigiano 250 latte i misurino di olio 2 spicchi di aglio 1 litro di passata di pomodoro prezzemolo.

Procedimento: Mettere i panini a bagno nel latte. Tagliare a pezzi i tentacoli dei calamri e rosolarli nel boccale con 50gr olio e i spicchio di aglio per 3min. 100 Vel.1. unire il pane strizzato il prezzemolo l'uovo il sale i lpomodoro e il filetto di acciuga 10sec. Vel.3. Con questo composto riempire i calamri e chiuderli con uno stuzzicadenti salarli e adagiarli nel varoma. Soffriggere nel boccale 1 spicchio di aglio e 50gr olio 3min. 100 Vel.4 unire il pomodoro passato e posizionare il *varoma* sul coperchio 30min temp *varoma* Vel.1. Aggiustare di sale tagliare a fette i calamari adagiarli su un piatto di portata e coprirli con il sugo.

8.3.3 *Molluschi Con Guscio*

8.3.3.1 Spaghetti Al Cartoccio

Ingredienti: 350gr di spaghetti; 200gr di totani; 200gr di moscardini; 200gr di cozze; 50gr di cipolla; 50gr di vino bianco; 2 spicchi di aglio; 400gr di pomodori pelati; prezzemolo; 50gr di olio; sale e pepe q.b.

Procedimento: mettere le cozze nel Varoma. Tritare nel boccale il prezzemolo (20" Vel.4), aggiungere la cipolla, l'aglio, l'olio e soffriggere per 3' a 100° Vel.4. aggiungere i totani tagliati a listerelle e i moscardini e far insaporire per 3' a 100° Vel.1. Bagnare con il vino bianco, 3' 100° Vel.1; posizionare il *Varoma* sul coperchio e cuocere per 15' a temp. Varoma, Vel.1. Quando le cozze si saranno aperte estrarre il frutto, unirlo al sughetto e far insaporire per 5' a 100° Vel.1. Nel frattempo, lessare gli spaghetti abbastanza al dente e condirli con questo sugo. Tagliare 4 pezzi di carta stagnola, e su ognuno sistemare una porzione di spaghetti. Chiudere bene il cartoccio e passare in forno per 10' a 200°

8.3.3.2 Ditalini Con Cozze E Patate

Ingredienti: 500gr di cozze; 200gr di ditalini; 300gr di patate; 1 spicchio di aglio; peperoncino; 60gr di olio di oliva; 500gr di acqua; sale q.b.

Procedimento: mettere l'acqua nel boccale, posizionare il Varoma, riempito con le cozze ben lavate, sul coperchio e cuocere per 12' a temp. *Varoma* Vel.1. Versare il brodo in una zuppiera e togliere il frutto delle cozze dai gusci. Preparare poi il soffritto con l'olio, l'aglio e il peperoncino 3' 100° Vel.4, posizionare la farfalla, unire i frutti delle cozze e insaporire per 2' a 100°, Vel.1. Aggiungere l'acqua delle cozze ben filtrata e farla bollire 10', 100° Vel.1; quindi versare le patate tagliate a dadini e cuocere per 5' a 100° Vel.1. Infine mettere la pasta 9' 100° Vel.1 e il sale q.b.

8.3.3.3 Penne, Cozze E Zafferano

Ingredienti: 1 kg. di cozze; 350gr di penne; 150gr di vino bianco secco; 30gr di burro; 50gr di cipolla; 100gr di funghi; 1 bustina di zafferano; 200gr di panna da cucina; 1 tuorlo; 500gr di acqua; prezzemolo; basilico; pepe, sale q.b.

Procedimento: mettere l'acqua nel boccale, posizionare il *Varoma* riempito con le cozze sul coperchio e cuocere per 20' a temp. Varoma, Vel.1. Poi lasciare marinare le cozze con un po' di vino bianco e prezzemolo. Nel frattempo rosolare nel boccale il burro e la cipolla per 3' a 100° Vel.4; posizionare la farfalla e aggiungere i funghi: 5', 100° Vel.1. Profumare con vino bianco, pepe, sale e zafferano; infine unire la panna, le cozze scolate e insaporire per 3' a 100°, Vel.1. In una zuppiera mettere il tuorlo d'uovo, aggiungere il sugo e amalgamare. Cuocere le penne, condirle con questo sugo e guarnire con prezzemolo tritato.

8.3.3.4 Barchette Del Porticciolo

Ingredienti: 1 dose di pasta brisè; 300gr di cozze; 200gr di gamberetti; 50gr di olio; 30gr di farina; 250gr di latte; 500gr di acqua; 1 tuorlo; 50gr di vino bianco; maggiorana; timo; sale e pepe q.b.

Procedimento: preparare una dose di pasta brisè (ricetta base) e farla riposare. Intanto mettere l'acqua nel boccale. Immergervi il cestello con i gamberetti e posizionare, sul coperchio, il *Varoma* riempito con le cozze il prezzemolo, l'alloro e il timo (20', temp. Varoma, Vel.3). A fine cottura scolare e sgusciare i gamberi; togliere il frutto delle cozze dai gusci e filtrare il brodo. Preparare una besciamella con il burro, la farina e il latte (7', 80°d Vel.2) e condirla con sale, pepe e maggiorana. Lasciarla intiepidire e unire il tuorlo d'uovo (30" Vel.5), aggiungere i gamberetti e il frutto delle cozze (30" Vel.2). Controllare il sale. Fare le sfoglie di pasta brisè, adagiarle in formine antiaderenti e cuocerle in forno per 10' a 180°. Farcirle con il composto precedentemente preparato, adagiarle sulla placca del forno e cuocerle ancora per 10' a 180°. Servire ben calde. E' un ottimo antipasto.

8.3.3.5 Cavatelli Mediterranei

Ingredienti: 1 kg. di cozze; 400gr di fagioli cannellini lessati; 300gr di cavatelli freschi; 1 spicchio di aglio; 40gr di olio di oliva; 250gr di pomodori pelati; 500gr di acqua; prezzemolo.

Procedimento: mettere nel boccale 250gr di acqua, posizionare il Varoma, riempito con le cozze, sul coperchio e cuocere per 15' a temp. *Varoma* Vel.1. Scolare le cozze, che nel frattempo si saranno aperte, conservando l'acqua. Nel boccale preparare un soffritto con l'aglio, l'olio e il peperoncino 3' 100° Vel.1; aggiungere poi i pomodori pelati e l'acqua delle cozze 10' 100° Vel.1. Versare i fagioli nel sugo e farli insaporire per 2' 100° Vel.1; poi aggiungere 250gr di acqua 10', 100° Vel.1 e i cavatelli per 9' 100° Vel.1. Quando mancano 2' alla fine aggiungere le cozze e il prezzemolo tritato.

8.3.3.6 Cozze Marinate

Ingredienti: 1 kg. di cozze; 1 mis. di olio; 3 mis. di vino bianco; 100gr di cipolla; succo di limone; prezzemolo.

Procedimento: mettere le cozze nel Varoma. Tritare la cipolla e il prezzemolo 10" Vel.5, aggiungere l'olio e soffriggere per 3' a 100° Vel.1. Unire il vino, posizionare il *Varoma* sul coperchio e cuocere per 20' temp. *Varoma* Vel.1. A fine cottura mettere le cozze in un piatto da portata e condire con succo di un limone e con del prezzemolo tritato.

8.3.3.7 Cozze Farcite

Ingredienti: 1 kg. Di cozze; 3 uova; prezzemolo; peperoncino; 1 spicchio di aglio; 250gr di pane raffermo; 800gr di pomodoro; 1 mis. Di grana grattugiato.

Procedimento: lavare le cozze, aprirle e lasciarle sgocciolare per 10' recuperando l'acqua. Inserire nel boccale il pane, l'aglio, il prezzemolo, il peperoncino e frullare per 10'' a Vel.Turbo. Aggiungere le uova, il formaggio e 1 mis. Di acqua delle cozze (10'' Vel.6 spatolando). Con questo composto riempire le cozze e metterne una parte nel cestello e una nel Varoma. Versare nel boccale la salsa di pomodoro e 1 mis. Di acqua delle cozze (7', 100°, Vel.1), immergervi il cestello e posizionare il *Varoma* sul coperchio (20' temp. Varoma, Vel.2). A fine cottura sistemare le cozze in una zuppiera, ricoprirle con il sugo di cottura e servirle con crostini di pane.

8.3.3.8 Crema Di Vongole E Pomodoro

Ingredienti: 1 kg. di vongole grosse; 1 kg. di brodo di pesce; 450gr di pomodori pelati; 30gr di burro; 30gr di farina; peperoncino e sale q.b.

Procedimento: mettere le vongole nel Varoma. Mettere nel boccale, prima la farina e il burro (2' a 100° Vel.4) e poi i pomodori e il peperoncino (1' Vel.4). Aggiungere il brodo, posizionare il *Varoma* sul coperchio e cuocere per 15' a temp. Varoma, Vel.1. Quando le vongole si saranno aperte, estrarre il frutto e unirlo al sugo (30'' Vel.1). Servire la crema con crostini di pane.

8.3.3.9 Cozze Ripiene

Ingredienti: 20 cozze; 100gr di mortadella; 100gr di pangrattato; 100gr di salame piccante; 100gr di auricchio; 100gr di fontina; 100gr di formaggio pecorino grattugiato; 2 uova; 250gr di pomodori pelati; 50gr di olio; 100gr di porri.

Procedimento: mettere nel boccale il salame e tritare per 5'' Vel.4. Aggiungere i formaggi e la mortadella (5'' Vel.4). Infine aggiungere le uova, il pangrattato e il pecorino e impastare per 20'' Vel.4. togliere il composto dal boccale. Inserire nel boccale olio, porri e soffriggere 3' 100° Vel.4. Aggiungere i pelati e cuocere 15' 100° Vel.1. Aprire le cozze con un coltello lasciando le valve attaccate da un lato. Riempire con l'impasto. Posizionare la farfalla. Aggiungere al sughetto le cozze e cuocere 10' 100° Vel.1 Lasciare riposare in una zuppiera e guarnire con prezzemolo.

8.3.3.10 Sugo Alle Vongole Veraci

Ingredienti: 800gr di vongole veraci; 100gr di olio di oliva; 150gr di pomodorini; 500gr di spaghetti; aglio; prezzemolo; sale e pepe q.b.

Procedimento: mettere nel boccale 100gr di olio con uno spicchio di aglio e poco prezzemolo (3' 100° Vel.3); unire i pomodorini, salare e inserire nel boccale il cestello riempito con le vongole precedentemente lavate (15', 100° Vel.1). Cuocere la pasta al dente, versarla su un piatto da portata e cospargerla con il sugo alle vongole. Aggiungere il prezzemolo tritato e il pepe macinato al momento. S può aggiungere alle vongole anche qualche scampo: il sugo sarà ottimo anche per condire le linguine.

8.3.3.11 Tagliatelle Con Zucchine E Cozze

Ingredienti: 200gr di tagliatelle all'uovo; 350gr di zucchine; 800gr di cozze; 100gr di cipolla; 1 scalogno; 100gr di olio; 500gr di acqua; prezzemolo; basilico; sale e pepe q.b.

Procedimento: versare l'acqua nel boccale, posizionare il *Varoma* sul coperchio, dopo averlo riempito con le cozze, e cuocere per15' a temp. Varoma, Vel.1. Quando le cozze si saranno aperte, togliere il frutto. Buttare il liquido conservandone 2 misurini. Asciugare il boccale e tritare il prezzemolo (20'' Vel.4); aggiungere la cipolla, lo scalogno e l'olio e soffriggere per 3' a 100° Vel.4. Dopo aver posizionato la farfalla, versare le zucchine tagliate a listerelle e i due misurini di acqua e far insaporire per 5' a 100° Vel.1. Unire il frutto delle cozze e cuocere per 3' a 100° Vel.1. Nel frattempo cuocere le tagliatelle, condirle con questo sugo e profumarle con basilico fresco.

8.3.3.12 Tubettini Con Cozze In Bianco

Ingredienti: 1 litro e 1/2 di acqua; 1 kg. di cozze; 50gr di vino bianco; 1 spicchio di aglio; 40gr di olio di oliva; 500gr di tubettini rigati; prezzemolo; peperoncino; sale e pepe q.b.

Procedimento: lavare le cozze, aprirle, lasciarle sgocciolare per 10' recuperando l'acqua e infine estrarre il frutto. Mettere nel boccale, con le lame in movimento, il prezzemolo, tritarlo (30'' Vel.5) e metterlo da parte. Soffriggere l'aglio, l'olio e il peperoncino per 3' a 100° Vel.4, aggiungere le cozze e il vino e cuocere per 4' a 100°, Vel.1. VErsare il composto in una zuppiera. Inserire nel boccale l'acqua e portare a ebollizione 10', 100° Vel.1, versare i tubettini e il sale e cuocere per 6' a 100° Vel.1. Scolare la pasta e metterla nella zuppiera con le cozze. Aggiungere l'acqua filtrata delle cozze e guarnire con prezzemolo tritato.

8.3.4 Crostacei

8.3.4.1 Aragosta In Bellavista

Ingredienti: 1 kg. Di aragosta (2 da 500 grammi); 30gr di cipolla; 50gr di carota; 50gr di sedano; 4 uova; 1 dose di maionese; 6 pomodorini; 20gr di Ketchup; 10gr di salsa Worcester; 1 limone; 1 bustina di gelatina; lattuga; 850gr di acqua; sale e pepe q.b.

Procedimento: preparare la maionese (ricetta base). Mettere nel boccale 600gr di acqua, due pomodorini, il sedano, la carota, la cipolla, il sale; sul coperchio posizionare il Varoma, in cui si sono adagiate le due aragoste e le uova; e cuocere per 30' a temp. *Varoma* Vel.1. Quando le aragoste si sono raffreddate, sgusciarle e tagliare la polpa a rondelle. Mettere nel boccale 250gr di acqua e una bustina di gelatina e cuocere per 5' 100° Vel.3; unire quindi il succo di limone. Tagliare le uova sode in due parti e separare i tuorli dall'albume. Mettere nel boccale pulito la maionese, la salsa Worcester e la salsa Ketchup (5'' Vel.4); unire i tuorli delle uova sode e amalgamare per 5'' a Vel.4. Versare questo composto in una tasca per dolci e spremerlo sui pomodori, precedentemente lavati, tagliati a metà e salati, e all'interno dei mezzi albumi sodi. Disporre le rondelle di aragosta sulla lattuga e intorno mettere le uova e i pomodori. Lucidare con la gelatina le rondelle e la testa dell'aragosta, e, prima di servire, guarnire con foglie di prezzemolo.

8.3.4.2 Ciambotto Pugliese

Ingredienti: 200gr di gamberetti; 200gr di scampi; 200gr di moscardini (o polipetti); 200gr di cicale di mare; ½ misurino di passata di pomodoro; 400gr di acqua.

Procedimento: preparare un soffritto con l'olio, l'aglio e il prezzemolo (3', 100° Vel.4). Aggiungere la passata di pomodoro, il pesce e l'acqua e cuocere per 20' a 100° Vel.1. Servire il ciambotto brodoso, accompagnato da crostini di pane. Se si preferisce il ciambotto poco brodoso: togliere il pesce dal sugo e cuocervi 250gr di tubettini per 8' a 100° Vel.1.

8.3.4.3 Zuppa Di Gamberi E Ceci

Ingredienti: 500gr di gamberetti sgusciati; 500gr di ceci già lessati; 30gr di cipolla 30gr. di carota; 250gr di ditalini; 500gr di acqua.

Procedimento: tritare l'aglio, la cipolla e la carota (20'' Vel.4), aggiungere l'olio e soffriggere per 3' a 100° Vel.4. Dopo aver posizionato la farfalla unire i gamberetti e fare insaporire per 2' a 100° Vel.1. Mettere nel boccale l'acqua e i ceci già lessati, portare a ebollizione (5', 100° Vel.1), quindi buttare la pasta e cuocere per 9' a 100° Vel.1. Aggiustare sale e pepe e servire la zuppa calda.

8.3.4.4 Aragosta In Salsa Rosa

Ingredienti: 1 Kg. di aragosta (2 da 500gr); 20gr di concentrato di pomodoro; 100gr di latte scremato; 50gr di carota; 50gr di cipolla; 30gr di brandy; 50gr d'olio d'oliva; 10gr. di farina; 600gr di acqua; alloro; prezzemolo; limone; chiodi di garofano; sale e pepe.

Procedimento: mettere nel boccale 500gr di acqua e dopo aver sistemato le due aragoste nel Varoma, posizionarlo sul coperchio: 20' temp. Varoma, Vel.2. Liberare la polpa dell'aragosta dal guscio e tagliarla a fette spesse. Recuperare anche la polpa della testa e delle zampe. Togliere dal boccale l'acqua e inserire la cipolla, la carota e l'olio: 3' 100° Vel.4. Unire il concentrato di pomodoro, 100gr di acqua, l'alloro, i chiodi di garofano (legati insieme per poterli togliere a fine cottura), il sale, il pepe e cuocere per 12' a 100° Vel.2. Togliere l'alloro e i chiodi di garofano, aggiungere la farina, la buccia di limone grattugiata, il latte e fare addensare per 5', 90° Vel.3. Versare la salsa bollente sull'aragosta e cospargere di prezzemolo tritato.

8.3.4.5 Pennette Alla Golosa

Ingredienti: 500gr di penne, 350gr di gamberetti sgusciati, 1 spicchio di aglio, 300gr di piselli primavera, 1 gambo di sedano, prezzemolo, 4 foglie di basilico, 1 misurino di parmigiano, 30gr di cipolla o scalogno, 6 pomodorini pelati, 20gr di olio, 30gr di burro, peperoncino e sale q.b.

Procedimento: Tritare l'aglio, il prezzemolo, il sedano, la cipolla, il basilico e il peperoncino: 10sec. Vel.4. Aggiungere l'olio e soffriggere per 3min. 100° Vel.3. Dopo aver posizionato la farfalla, aggiungere i piselli e cuocere per 6min. 100° Vel.1. Unire i gamberetti: 5min. 100° Vel.1. A cottura ultimata togliere il sugo dal boccale e, senza lavarlo, mettere l'acqua e il sale e portare ad ebollizione: 10min. 100° Vel.1. Cuocere la pasta (10min. 100° Vel.1), scolarla e condirla con il sugo. Spolverizzare di parmigiano grattugiato e servire.

8.3.4.6 Scampi Ai Funghi

Ingredienti: 500gr di scampi; 500gr di funghi coltivati; 50gr di olio; 10gr di brodo (acqua e dado Bimby); 50gr di aceto; 2 spicchi di aglio; 2 pomodori pelati; 30gr di farina; sale e pepe q.b.; foglie di lattuga per guarnire.

Procedimento: lavare e tagliare a fette sottili i funghi. Tritare l'aglio (5'' Vel.5), aggiungere l'olio e soffriggere per 3' a 100° Vel.1. Posizionare la farfalla, unire gli scampi, farli cuocere per 15' a 100° Vel.1, e metterli da parte. Lasciando inserita la farfalla, mettere nel boccale i funghi e il brodo, preparato con acqua e dado Bimby (10', 100° Vel.1); aggiungere l'aceto, la farina e un pizzico di zucchero (3' 100° Vel.1). Adagiare gli scampi sulle foglie di lattuga, precedentemente disposte sui piatti, e coprirli con la salsa ai funghi ancora bollente.

8.3.4.7 Linguine Agli Scampi

Ingredienti: 500gr di code di scampi; 50gr di olio; 1 scatola di pomodoro a pezzetti: 1 spicchio d'aglio; 100gr di cipolla; 50gr di panna da cucina; 50gr di vino bianco e brandy; un ciuffo di prezzemolo; peperoncino a piacere.

Procedimento: soffriggere nell'olio l'aglio e la cipolla (3' 100° Vel.4); aggiungere le code degli scampi e cuocere per 3' a 100° Vel.1, versando, di tanto in tanto, il brandy e il vino. Unire poi i pomodori e il sale (20', 100° Vel.1) e, 2' prima del termine della cottura, incorporare la panna e il peperoncino. Con questo sugo condire le linguine e servire con abbondante prezzemolo tritato.

8.3.4.8 Trenette Con Polpa Di Granchio

Ingredienti: 150gr di trenette; 100gr di polpa di granchio; 200gr di zucchine; 100gr di salsa di pomodoro; 1 spicchio d'aglio; 1 litro e ¼ di brodo di pesce ; maggiorana; sale e pepe q.b.

Procedimento: tritare nel boccale la polpa di granchio per 10'' Vel.3 e metterla da parte. Sminuzzare l'aglio e la maggiorana (20'' Vel.3), aggiungere il brodo di pesce e cuocere per 10' a 100° Vel.1. Unire prima le zucchine tagliate a dadini (5', 100° Vel.1); e poi le trenette tagliate in 3 parti, e la polpa di granchio (9' 100° Vel.1). Servire la minestra calda dopo averla salata. Crespelle Con Gamberetti In Salsa Tonnata Ingredienti per il ripieno: 300gr di gamberetti freschi; 1 dose di salsa tonnata; salsa Worcester; prezzemolo; 500gr di acqua.

Procedimento: preparare la pastella per le crespelle secondo la ricetta base e lasciarla riposare per circa 30'. Nel frattempo dedicarsi al ripieno. Preparare la salsa tonnata (ricetta base) aggiungendo, alla fine, poche gocce di salsa Worcester e versarla in una ciotola. Mettere l'acqua nel boccale e immergervi il cestello riempito con i gamberetti: 10' 100° Vel.3. Sgusciare i gamberetti, farli raffreddare e unirli alla salsa tonnata. In una apposta padella far riscaldare il burro, versarvi qualche cucchiaiata di pastella e lasciare dorare da una parte, rigirare e far dorare anche dall'altra. Procedete così fino a esaurimento della pastella. Queste le crepes si sono raffreddate farcirle con il ripieno, arrotolarle e disporle su un piatto da portata.

8.3.4.9   Trofie Alla Salsa D'estate

Ingredienti: 500gr di trofie; 200gr di gamberetti; 500gr di pomodoro; 100gr di ricotta marzoica; 30gr di olio d'oliva; pesto alla genovese; olive bianche snocciolate; basilico; sale q.b.

Procedimento: mettere nel boccale i pomodori, l'olio, il basilico e il sale, tritare grossolanamente 10'' Vel.3 e mettere da parte. Preparare poi il pesto (secondo la ricetta base). Mettere 500gr d'acqua nel boccale (dopo averlo lavato), immergervi il cestello riempito con i gamberetti e cuocere per 10' a 100° Vel.4. Sgusciare i gamberetti. Far bollire nel boccale 1 litro e ½ di acqua (12' 100° Vel.1) quindi buttare la pasta e cuocerla per 5' a 100° Vel.1. Una volta cotta versarla in una zuppiera e condirla con il pesto, le olive tagliate a rondelle, la ricotta grattugiata e i gamberetti. Prima di portarla a tavola guarnire con foglie di basilico.

8.3.4.10   Risotto Con Gamberi E Gorgonzola

Ingredienti: 500gr di riso; 300gr di gamberetti già sgusciati; 50gr di burro; 20gr di cipolla; 1 spicchio di aglio; 1 mis. Di vino bianco; 1 litro di acqua; dado; 100gr di gorgonzola e mascarpone; prezzemolo; pepe q.b.

Procedimento: mettere, con le lame in movimento l'aglio e la cipolla nel boccale: 10'' Vel.4, aggiungere il burro e soffriggere per 3' a 100° Vel.1. Posizionare la farfalla, versare il riso, il vino e i gamberetti e far tostare per 2' a 100° Vel.1. Aggiungere il brodo (acqua e dado) e continuare la cottura per 20' a 100° Vel.1. Durante l'ultimo minuto inserire il gorgonzola, versare il risotto nella risottiera e guarnire con il prezzemolo e il pepe.

8.3.4.11   Scampi In Salsa Piccante

Ingredienti: 24 scampi; 50gr di olio di semi; 100gr di olio d'oliva; peperoncino; 8 spicchi d'aglio; 1 limone; alloro.

Procedimento: tritare nel boccale 5 spicchi di aglio per 30'' Vel.5, aggiungere l'olio d'oliva, qualche goccia di succo di limone e il sale: 30'' Vel.5. Si ottiene una salsina omogenea che va messa da parte. Privare gli scampi della testa. Soffriggere nel boccale, senza lavarlo, i rimanenti spicchi d'aglio, il peperoncino e l'alloro nell'olio di semi (3' a 100° Vel.4). Unire gli scampi e far cuocere per 10' a 100° Vel.1. Aggiungere ancora qualche goccia di succo di limone e qualche cucchiaiata di salsina e amalgamare per 10'' a Vel.1. Adagiare gli scampi su un piatto da portata e servirli con la salsina rimasta.

8.3.5   Pesce Di Scoglio

8.3.5.1   Coda Di Rospo O Pescatrice Al Vino Bianco

Ingredienti: 4 tranci di coda di rospo; 250gr di vino bianco; 500gr di pomodori pelati; 100gr di cipolla; prezzemolo; timo; maggiorana, sale e pepe q.b.

Procedimento: affettare la cipolla sottile e tagliare grossolanamente i pomodori. Mettere nel varoma, dopo averlo unto di olio, un po' di cipolle, una parte dei pomodori, il sale, il pepe, il timo, la maggiorana e adagiarvi i tranci di coda di rospo. Coprire il pesce con le cipolle e i pomodori rimasti. Mettere nel boccale il vino, posizionare il *varoma* sul coperchio e cuocere per 30' a temp. Varoma, Vel.1. Per far insaporire ancora di più il pesce si può travasarlo in una pirofila da forno, aggiungere il liquido di cottura e infornare per 10' a temp. 180°.

8.3.5.2   Filetti Di Rombo Alla Salsa Di Funghi

Ingredienti: 2 filetti di rombo; 200gr di funghi; 30gr di cipolla; 1 spicchio di aglio; 50gr di sedano; 50gr di carota; prezzemolo; 250gr di polpa di pomodoro; 1 mis. di polpa di pomodoro; 1 mis. di olio d'oliva; origano; sale e pepe q.b.

Procedimento: Ungere di olio il *Varoma* e il vassoio e adagiare su ciascuno un filetto di rombo. Nel boccale tritare la carota, la cipolla, l'aglio, il sedano e il prezzemolo: 30'' Vel.4. Aggiungere l'olio e soffriggere per 4' a 100° Vel.1. Posizionare la farfalla e unire i funghi, la polpa di pomodoro, l'origano, il sale e il pepe. Posizionare il *Varoma* sul coperchio e cuocere per 20' a temp. Varoma, Vel.1. Adagiare i filetti di rombo su un piatto da portata e condire con la salsa ai funghi.

8.3.5.3 Orata Farcita Con Zuppa Di Patate

Ingredienti: 1 kg. di orata; 50gr di cipolla; 40gr di olio o burro; 200gr di funghi; 100gr di vino bianco; 70gr di pane raffermo; 50gr di latte; 1 uovo intero; prezzemolo e rosmarino; alloro; sale e pepe. Per la zuppa di patate: 50gr di cipolla; 40gr di olio; 200gr di polpa di pomodoro; 600gr di acqua; 800gr di patate; origano; sale q.b.

Procedimento: soffriggere nel boccale la cipolla con l'olio per 3' a 100° Vel.4, unire prima i funghi, il prezzemolo e il rosmarino 5", Vel.4 e poi il vino per 10' 100° Vel.1. Aggiungere il pane, il latte, l'uovo, il sale e il pepe: 10", Vel.4. Togliere la lisca all'orata e farcirla con questo composto, poi adagiarla nel *Varoma* con le foglie di alloro. Senza lavare il boccale, soffriggere la cipolla nell'olio per 3' a 100°, Vel.4 e versare la polpa di pomodoro: 10", Vel.5. Posizionare la farfalla. Mettere nel boccale l'acqua e portarla a ebollizione 10', 100° Vel.1, quindi aggiungere le patate tagliate a pezzetti e il sale. Posizionare il *Varoma* sul coperchio e cuocere per 30' temp. Varoma, Vel.1. A fine cottura adagiare l'orata e le patate condite con l'origano, su un piatto da portata e servire.

8.3.5.4 Dado Di Pesce

Ingredienti: 500gr di pesce misto (gamberetti sgusciati, merluzzo, scampi, ecc); 300gr di sale grosso.

Procedimento: lavare bene il pesce e lasciarlo sgocciolare, quindi metterlo nel boccale e tritare per 1' a Vel.6. Aggiungere il sale e cuocere per 29' a 100° Vel.1, quindi omogeneizzare per 1' a Vel.Turbo.

8.3.5.5 Risotto Con Filetti Di Pesce San Pietro E Carciofi

Ingredienti: 500gr di riso; 3 carciofi; 3 filetti di pesce san pietro; 1 spicchio di aglio; 30gr di cipolla; 1/2 mis. di olio di oliva; 1/2 mis. di vino bianco; 100gr di panna; 1 litro di brodo; prezzemolo; dragoncello; sale e pepe q.b.

Procedimento: tagliare a fettine i carciofi e a pezzetti i filetti di pesce. Soffriggere nel boccale l'aglio, la cipolla e l'olio per 3' a 100° Vel.4. Posizionare la farfalla, versare i carciofi tagliati a fettine e i filetti di pesce San Pietro tagliati a pezzetti e rosolare per 5' a 100° Vel.1. Aggiungere il riso, bagnare con il vino bianco e farlo tostare per 5' a 100° Vel.1. Unire infine il brodo e cuocere per 20' a 100° Vel.1. Travasare il risotto in una zuppiera e amalgamare la panna e il dragoncello fresco. Guarnire con prezzemolo tritato.

8.3.5.6 Crema Delicata Di Branzino Al Dragoncello

Ingredienti: 600gr di filetti di branzino; 30gr di carota; 30gr di sedano; 30gr di scalogno; 1 foglia di alloro; 4 grani di pepe rosa; 30gr di vino bianco; 1 tuorlo d'uovo; 600gr di acqua; 60gr di panna; salvia; succo di limone; dragoncello; sale e pepe q.b.

Procedimento: adagiare i filetti di branzino nel *Varoma* precedentemente unto di olio. Mettere nel boccale la carota, il sedano, lo scalogno e tritare per 30'' a Vel.5 poi aggiungere l'acqua e immergervi il cestello riempito con l'alloro, la salvia, il prezzemolo e il pepe. Sistemare il *Varoma* sul coperchio e cuocere per 30' a temp. Varoma, Vel.2. Estrarre il cestello e mettere nel boccale la panna, i tuorli d'uovo, il sale, il pepe, i pezzetti di filetto di branzino cotti a vapore, il succo di limone e il dragoncello: 10' 100° Vel.3. Travasare la crema in una zuppiera e servirla accompagnata da crostini di pane.

8.3.5.7 Risotto Al Branzino

Ingredienti: 500gr di riso; 400gr di polpa di branzino; 30gr di cipolla; 1 spicchio di aglio; 2 filetti di acciuga; ½ mis. di vino bianco; ½ mis. di olio; 100gr di panna; 1 lt. di brodo.

Procedimento: sistemare il branzino nel Varoma, precedentemente unto di olio. Mettere nel boccale il brodo, posizionare il *Varoma* sul coperchio e cuocere per 15' a temp. Varoma, Vel.1. Mettere da parte il brodo. Pulire il branzino e ridurre la polpa a pezzetti. Nel boccale soffriggere l'aglio, la cipolla e l'olio, 3', 100° Vel.4 e aggiungere i filetti di acciuga, 1', 100° Vel.1. Posizionare la farfalla e versare il riso, tostare per 3', 100° Vel.1. Aggiungere il vino banco e farlo evaporare per 3' a 100° Vel.1. Unire il brodo di cottura del branzino e cuocere per 15' a 100° Vel.1. Se il liquido non bastasse aggiungere altra acqua. Versare il risotto in una zuppiera, mantecare con la panna, una noce di burro e condire con pepe. Guarnire con prezzemolo fresco e buccia di limone grattugiata. Al posto del branzino intero si possono utilizzare i filetti.

8.3.5.8   Occhiata Al Limone

Ingredienti: 1 kg. di occhiata; 300gr di cipolle; 4 spicchi di aglio; 100gr di olio d'oliva; 200gr di pane raffermo; 1 limone; 1 litro di acqua; sale e pepe q.b.
Procedimento: praticate sul pesce dei tagli e introdurvi delle fette semicircolari di limone. Nel *Varoma* preparare un letto di cipolle affettate e adagiarvi il pesce. Mettere nel boccale il pane raffermo, il sale, l'aglio, la buccia di limone e il pepe (30'' Vel.4). Cospargere il pesce e le cipolle con un po' di questo trito (il rimanente metterlo da parte). Senza lavare il boccale versarvi l'acqua, posizionare il *Varoma* sul coperchio e cuocere per 15' a temp. Varoma, Vel.2. Condire con il trito rimasto e cuocere ancora per 20' a temp. Varoma, Vel.2.

8.3.5.9   Frittelle Di Alghe

Ingredienti: 300gr di farina (Manitoba o americana); 250gr di acqua; 20gr di olio; 25gr di lievito di birra; un pugnetto di alghe; sale quanto basta; olio per friggere.
Procedimento: inserire nel boccale l'acqua, l'olio, il lievito e il sale (20'' Vel.1), poi unire la farina: 30'' Vel.6. Con le lame in movimento inserire le alghe dal foro del coperchio. Lasciare lievitare il composto in una ciotola per 1 ora dopodiché, servendosi di un cucchiaio bagnato nell'acqua, prendere l'impasto a cucchiaiate e friggerlo in abbondante olio bollente fino a che non dora. Adagiare le frittelle su carta assorbente e servire calde. Sono deliziose e stuzzicheranno l'appetito di tutti i vostri ospiti.

8.3.5.10   Filetto Di Pesce San Pietro E Carciofi

Ingredienti: 2 filetti di pesce San Pietro; 3 carciofi; 30gr di cipolla; 50gr di panna da cucina; 100gr di olio di oliva; 200gr di brodo vegetale; 30gr di burro; 30gr di farina; rosmarino; sale e pepe q.b.
Procedimento: adagiare i filetti di pesce nel *Varoma* (uno sul vassoio e uno all'interno). Nel boccale tritare il prezzemolo e il rosmarino (30'' Vel.5), aggiungere la cipolla e l'aglio e rosolare per 3' a 100°, Vel.4. Unire i carciofi tagliati a fettine e il brodo vegetale. Posizionare il *Varoma* sul coperchio e cuocere per 20' a temp. Varoma, Vel.4. Quando il pesce è cotto toglierlo dal coperchio, versare nel boccale la panna e omogeneizzare per 3' a Vel.7. Versare la crema ottenuta sui filetti di pesce e servire l piatto caldo.

8.3.5.11   Triglie Alla Livornese

Ingredienti: 8 triglie piccole; 250gr di pomodori pelati; 50gr di olio; 2 spicchi di aglio; prezzemolo; sale e pepe q.b.
Procedimento: ungere con l'olio il *Varoma* e il vassoio e sistemare su ciascuno 4 triglie. Buttare nel boccale, con le lame in movimento a Vel.4, il prezzemolo e l'aglio; aggiungere l'olio e soffriggere per 3' a 100° Vel.4. Unire i pomodori pelati, il sale e il pepe e, dopo aver posizionato il *Varoma* sul coperchio, cuocere per 20' a temp. Varoma, Vel.3. Adagiare le triglie su un piatto da portata, condirle con il sughetto e cospargerle di prezzemolo fresco.

8.3.5.12   Polpette Di Cuori Di Merluzzo

Ingredienti: 500gr di filetti di merluzzo; 1 uovo intero; 2 panini; 250gr di latte; 1 mis. di parmigiano; sale q.b; pangrattato; olio per friggere.

Procedimento: mettere il pane in una ciotola con il latte e lasciarlo ammorbidire. Inserire l'acqua nel boccale con alcune fette di limone. Adagiare i filetti di merluzzo, insaporiti con il sale, nel *Varoma* precedentemente unto di olio. Posizionare il *Varoma* sul coperchio e far cuocere per 20' a temp. Varoma, Vel.1. A fine cottura buttare l'acqua e mettere nel boccale il pesce lessato, il pane ben strizzato, il prezzemolo, il parmigiano, l'uovo, il sale e il pepe. Impastare per 20'' a Vel.4. Formare con le mani delle palline e rotolarle nel pane grattugiato, poi friggerle in olio bollente.

8.3.6   Pesce A Tranci E A Filetti

8.3.6.1   Pesce Spada Alla Ghiotta

Ingredienti: 1kg di pesce spada 400 pomodori pelati 100 olio 50 cipolla 1 spicchio di aglio 20gr capperi 50gr olive snocciolate bianche 50gr olive snocciolate nere.

Procedimento: Mettere nel *varoma* il pesce spada tagliato a fette il sale il prezzemolo. Nel boccale soffriggere la cipolla e l'aglio nell'olio per 3min. 100 Vel.4. Quindi unire i pomodori le olive i capperi. Posizionare il *varoma* sul coperchio e cuocere per 3omin. *varoma* Vel.1. Una volta cotto adagiare il pesce su un piatto di portata e coprirlo con il sugo e guarnire con il prezzemolo.

8.3.6.2   Involtini Di Lattuga

Ingredienti: 400gr di polpa di pesce (pescatrice, palombo, pesce spada); 2 acciughe sott'olio; 1 spicchio di aglio; 50gr di cipolla; 100gr di mollica di pane; 1 uovo intero; 50gr di olio; 300gr di brodo di pesce; sale e pepe q.b.; 8 foglie di lattuga; salsa di pomodoro; una manciata di prezzemolo.

Procedimento: bagnare la mollica di pane con 50gr di brodo di pesce e poi strizzarla. Scottare le foglie di lattuga in acqua bollente salata e stenderle su un canovaccio. Tritare il prezzemolo (30'' Vel.5) e metterlo da parte. Soffriggere nel boccale (senza lavarlo) l'aglio e la cipolla nell'olio, 2', 100° Vel.4; aggiungere la polpa di pesce e rosolare per 3' a 100° Vel.1. Lasciar raffreddare, aggiungere il prezzemolo tritato, le acciughe sott'olio tagliate a pezzetti, la mollica di pane bagnata e strizzata, le uova, il sale e il pepe e impastare per 1' a Vel.6. Con questo composto, che deve risultare omogeneo, formare 8 polpettine ovali, avvolgerle nelle foglie di lattuga e legarle con un filo bianco. Mettere il brodo di pesce nel boccale, adagiare gli involtini nel Varoma, posizionarlo sul coperchio e cuocere per 15' a temp. Varoma, Vel.1. Servire con salsa di pomodoro.

8.3.6.3   Farfalle Con Filetti Di Sogliola Alla Salsa Di Olive Nere

Ingredienti: 500gr di farfalle; 2 filetti di sogliola; 20gr di pasta alle olive nere; 50gr di olive nere; 30gr di cipolla; 6 pomodorini perini; prezzemolo; basilico; 1 spicchio d'aglio; 1 mis. di olio d'oliva; 150gr di vino bianco; sale e pepe q.b.

Procedimento: mettere nel *Varoma* i filetti di sogliola conditi con sale e pepe. Preparare il soffritto con l'olio, l'aglio e la cipolla (3', 100°, Vel.4), unire i pomodori e tritare per 10'' Vel.Turbo. Condire con sale e pepe e aggiungere l'acqua e il vino. Posizionare il *Varoma* sul coperchio e cuocere per 20' a temp. Varoma, Vel.1. Togliere il Varoma, aggiungere al sugo la pasta di olive nere, le olive intere, il prezzemolo tritato e il basilico: 5', 100° Vel.1. Tagliare i filetti di sogliola a quadratini, farli insaporire nel sugo per 1' a 100° Vel.1. Svuotare il boccale e, senza lavarlo, mettere l'acqua e il sale (12', 100°, Vel.1). Quando l'acqua bolle buttare la pasta e cuocere per i minuti necessari a 100° Vel.1. Scolare e condire il sugo di sogliole.

8.3.6.4   Cernia Ai Frutti Di Mare

Ingredienti: 1 kg. Di filetti di cernia; 350gr di frutti di mare; 50gr di olio; 50gr di latte; 1 tuorlo d'uovo; ½ misurino di farina; 250gr di cozze; prezzemolo; sale e pepe q.b.

Procedimento: mettere l'acqua nel boccale e posizionare il Varoma, riempito con le cozze, sul coperchio (10', temp. Varoma, Vel.1). Quando le cozze si sono aperte, scolarle, recuperando l'acqua di cottura ed estrarre il frutto dal guscio. Nel boccale inserire il tuorlo d'uovo, il latte, la farina e 2 mis. Di acqua filtrata delle cozze. Mettere la cernia nel *Varoma* e posizionarlo sul coperchio (20', temp. Varoma, Vel.2). Adagiare la cernia e i frutti di mare su un piatto da portata e condire con la salsina.

8.3.6.5 Cernia Alla Pizzaiola

4 filetti di cernia (600gr circa) 250 pomodori pelati, 1 spicchio aglio 50gr olio prezzemolo basilico 20gr capperi 20gr pangrattato sale pepe origano.Buttare con le lame in movimento il prezzemolo il basilico l'aglio 10sec. Vel.5. mettere questo trito da parte. Soffriggere nel boccale l'olio e un po' di aglio 3min. 100 Vel.3 poi aggiungere i pelati, adagiare i filetti di cernia salati nel *varoma* precedentemente unto posizionare sul coperchio 20min. temp *varoma* Vel.1. ultimata la cottura disporre i filetti in una teglia da forno. Versare nel boccale il trito di aromi e amalgamare per 2min. 100 Vel.1 cospargere la cernia con il pangrattato coprirla con il sughetto e gratinarla al forno a 200 per 5 minuti.

8.3.6.6 Filetti Di Sogliola Con Zucchine E Funghi Porcini

Ingredienti: 4 filetti di sogliola; 100gr di funghi porcini; 100gr di zucchine; 2 pomodori perini; ½ spicchio d'aglio; 100gr di olio; 300gr di brodo; prezzemolo; sale e pepe q.b.
Procedimento: lavare e tagliare a fettine i porcini e a dadini le zucchine. Adagiare i filetti di sogliola nel *Varoma* già unto di olio. Mettere nel boccale il brodo e posizionare il *Varoma* sul coperchio (15' temp. Varoma, Vel.1). Quando i filetti di sogliola saranno cotti disporli su di un piatto da portata e buttare il brodo. Versare nel boccale, con le lame in movimento, il prezzemolo (30'' Vel.4), inserire poi l'aglio e l'olio e soffriggere (3' 100° Vel.4). Posizionare la farfalla, aggiungere le zucchine e i funghi e rosolare per 5' a 100° Vel.1. Infine mettere i pomodori e cuocere ancora per 5' a 100° Vel.1. Con questo composto condire i filetti di sogliola e guarnirli con prezzemolo fresco e, volendo, con ravanelli a fiore.

8.3.6.7 Risotto Con Pesce Spada E Olive Nere

Ingredienti: 500gr di riso; 250gr di pesce spada; 15 olive nere snocciolate; 30gr di cipolla; 50gr di olio; 3 pomodori pelati; 1 l. di brodo di pesce o vegetale; prezzemolo; sale e pepe q.b.
Procedimento: tagliare a cubetti il pesce spada, dopo averlo privato della pelle. Soffriggere nel boccale la cipolla nell'olio per 3' a 100°, Vel.4. Posizionare la farfalla, aggiungere i cubetti di pesce spada e i pomodori tagliati a pezzi e lasciare insaporire per 2' a 100° Vel.1. Dopo aver messo il brodo nel boccale cuocere per 20' a 100°, Vel.1. e, durante l'ultimo minuto, unire le olive snocciolate, il prezzemolo tritato e un po' di pepe.

8.3.6.8 Filetti Di Sogliola Ai Pinoli

Ingredienti: 600gr di filetti di sogliola (4 filetti); 35gr di pinoli; 50gr di olio d'oliva; 1 l. d'acqua; prezzemolo; succo di un limone; sale e pepe q.b.
Procedimento: ungere il *Varoma* e adagiarvi la sogliola. Mettere nel boccale l'acqua e posizionare il *Varoma* sul coperchio: 15', temp. Varoma, Vel.2. Disporre le sogliole su di un piatto da portata, togliere l'acqua dal boccale, asciugarlo bene e introdurvi l'olio (2', 100°, Vel.1). Aggiungere i pinoli e farli dorare per 5' a 100°, Vel.1 poi versare il trito di prezzemolo. Condire i pesci con i pinoli e il succo di un limone.

8.3.6.9 Crema Di Sogliole Con Erbette

Ingredienti: 3 filetti di sogliola; 1 spicchio di aglio; 30gr di cipolla; 50gr di olio; 50gr di farina; 50gr di vino bianco; 500gr di brodo (pesce o vegetale); 500gr di latte; 200gr di panna; dragoncello secco; sale e pepe q.b.

Procedimento: mettere i filetti di sogliola nel *Varoma* precedentemente unto di olio. Nel boccale preparare un soffritto con l'olio, l'aglio e la cipolla (3', 100°, Vel.4) poi aggiungere il vino bianco e lasciare evaporare (1', 100°, Vel.3). Mettere nel boccale il brodo e il latte, posizionare il *Varoma* sul coperchio e cuocere per 15' a temp. Varoma, Vel.2. A cottura ultimata tagliare i filetti di sogliola a pezzetti, metterli nel boccale e amalgamare per 5' a 100° Vel.4. Ne risulterà una crema liscia e omogenea a cui va aggiunta la panna e il dragoncello (1', Vel.5). Versare in una terrina e servire con crostini di pane.

8.3.6.10 Palline Di Sogliola

Ingredienti: 500gr di filetti di sogliola; 50gr di parmigiano; 50gr di pangrattato; 20gr di uvetta sultanina; 20gr di pinoli; 1 uovo intero; prezzemolo; sale e pepe q.b.
Procedimento: tritare finemente il prezzemolo, i pinoli e l'uvetta (1', Vel.5), aggiungere i filetti di sogliola (30'' Vel.5), il parmigiano, il pangrattato, l'uovo, il sale e il pepe (1', Vel.5). Con l'impasto ottenuto formare delle palline, passarle nella farina e friggerle in olio ben caldo rigirandole delicatamente. Se l'impasto risultasse troppo morbido aggiungere un pochino di pangrattato. Questo piatto sarà gustato anche da chi non ama particolarmente il pesce.

8.3.6.11 Vellutata Di Cernia

Ingredienti. 300gr di filetti di cernia; 250gr di patate; 1 spicchio di aglio; 750gr di latte; 200gr di panna; 100gr di cipolla; zafferano; dado bimby di pesce o vegetale; 1 mis. di salsa di pomodoro; prezzemolo.
Procedimento: tritare nel boccale le cipolle per 30'' a Vel.4. posizionare la farfalla e aggiungere le patate pelate e tagliate a dadini, il latte e il dado. Ungere di olio il Varoma, adagiarvi i filetti di cernia e posizionarlo sul coperchio (15' temp. Varoma, Vel.1). Quando i filetti di cernia saranno cotti, sminuzzarli. Mettere nel boccale la panna, lo zafferano, la salsa di pomodoro e amalgamare per 5' a 100° Vel.3. Aggiungere i pezzetti di pesce, aggiustare di sale e pepe e continuare la cottura per 2' a 80° Vel.1. Profumare con prezzemolo tritato e servire la vellutata con crostini di pane.

8.3.6.12 Cannelloni Di Pesce Spada

Ingredienti: 300gr di pesce spada; 100gr di zucchine; 20gr di timo secco; 50gr di vino bianco; 100gr di olio di oliva; 350gr di polpa di pomodoro; 50gr di cipolla; 1 spicchio di aglio; cannelloni.
Procedimento: preparare il sugo facendo rosolare la cipolla in 50gr di olio per 3' a 100°, Vel.4; aggiungere poi il pomodoro e il sale e cuocere per 15' a 100° Vel.3. Togliere il sugo dal boccale e, senza lavarlo inserirvi l'aglio, l'olio, il pesce spada tagliato a pezzetti e le zucchine. 5' 100° Vel.4. Bagnare con il vino e cuocere ancora per 5' a 100° Vel.4. Dopo aver riempito i cannelloni con questo composto adagiarli in una pirofila, coprirli con la salsa di pomodoro e cuocerli in forno caldo per 8' a 170°. Servire caldi.

8.3.7 Pesce Di Sabbia

8.3.7.1 Baccalà Alla Vicentina

Ingredienti: 600gr di baccalà bagnato; 100gr di acciughe salate; 50gr di cipolla; 2 spicchi di aglio; 100gr di olio; 30gr di burro; 1 l. di latte; 50gr di farina; prezzemolo.
Procedimento: tagliare a pezzi il baccalà e sistemarlo nel *Varoma* precedentemente unto di olio. Mettere nel boccale l'aglio, la cipolla e l'olio e soffriggere per 3' a 100° Vel.4. Aggiungere il latte, il burro e la farina, posizionare il *Varoma* sul coperchio e cuocere per 20' a temp. Varoma, Vel.3. Travasare il composto ottenuto in una teglia, e metterlo in forno per 10' a 200°. Guarnire con prezzemolo tritato e servire caldo, accompagnato da polenta o pane tostato.

8.3.7.2   Filetti Di Pesce Persico Al Pepe Rosa

Ingredienti: 400gr di filetti di pesce persico; 70gr di olio; 100gr di panna; 1 scalogno piccolo (o 20gr di cipolla); 50gr di vino bianco; 6 granelli di pepe rosa; 30gr di aceto bianco; ½ litro di brodo (di pesce o vegetale); succo di limone; prezzemolo, sale q.b.
Procedimento: ungere il vassoio e il *Varoma* di olio e ad agiarvi i filetti di pesce. Mettere nel boccale l'acqua e il dado, posizionare il *Varoma* sul coperchio e cuocere per 15' temp. Varoma, Vel.1. Disporre i filetti di pesce su un piatto da portata e conservare il brodo. Nel boccale tritare lo scalogno 30'', Vel.4, aggiungere prima il vino e l'aceto (7', 100°, Vel.2) e poi la panna (3', 80°, Vel.2). Durante l'ultimo minuto inserire il succo di limone e il pepe rosa. Versare la salsina sui filetti di pesce persico e guarnire con il prezzemolo. Servire immediatamente.

8.3.7.3   Delizia Di Pesce

Ingredienti: 300gr di gallinelle; 300gr di scampi; 200gr di cozze; 200gr di vongole; 2 spicchi di aglio; 30gr di olio; 100gr di polpa di pomodoro; peperoncino q.b.
Procedimento: mettere nel cestello le gallinelle e gli scampi, nel *Varoma* le cozze e le vongole. Preparare nel boccale il soffritto con l'olio e l'aglio 3' 100° Vel.4). Aggiungere la polpa di pomodoro e il peperoncino, quindi immergere il cestello nel boccale; posizionare il *Varoma* sul coperchio e cuocere per 15' a temp. Varoma, Vel.2. A cottura ultimata disporre, in un piatto da portata, le vongole al centro, le cozze, gli scampi e le gallinelle introno. Condire con la salsina e servire.

8.3.7.4   Anguilla Al Lauro

Ingredienti: 12 pezzi di anguilla; 15 foglie di alloro; 30gr di olio; 500gr di brodo (pesce o vegetale); succo di 2 limoni; sale e pepe q.b.
Procedimento: tagliare a pezzi l'anguilla. Mettere nel boccale l'olio, il limone, il sale, il pepe e 3 foglie di alloro: 1' Vel.4. Con questa marinata bagnare uniformemente i pezzi di anguilla e lasciarli riposare per 1 ora circa. Avvolgere i pezzi di anguilla nelle foglie di alloro e fissarle con un filo incolore. Sistemare questi involtini nel *Varoma* precedentemente unto di olio. Mettere il brodo nel boccale. Posizionare il *Varoma* sul coperchio e cuocere per 30' a temp. Varoma, Vel.1. Durante la cottura girare l'anguilla più volte con l'aiuto di una paletta. Servire il piatto caldissimo, dopo aver eliminato il filo.

8.3.7.5   Zuppa Anconetana

Ingredienti: 500gr di pesce (spigole, merluzzetti, sogliole, triglie e cefali); 200gr di seppioline; 200gr di moscardini; 200gr di calamaretti; 1 spicchio di aglio; 50gr di cipolla; 50gr di carota; 50gr di sedano; 50gr di passata di pomodoro; 50gr di aceto: 50gr di olio; 300gr di acqua; 1 pane in cassetta; rosmarino; prezzemolo; peperoncino; sale e pepe q.b.
Procedimento: tagliare il pesce a pezzi e adagiarlo nel Varoma. Tagliare le seppie e i calamari a listerelle. Tritare nel boccale il prezzemolo (20'', Vel.4), aggiungere il sedano, la carota, la cipolla, l'aglio e il peperoncino (30'', Vel.4), unire l'olio e il rosmarino e soffriggere per 3' a 100° Vel.4. Versare l'aceto e lasciare evaporare per 2' a 100° Vel.3, poi mettere la salsa di pomodoro: 1', 100° Vel.3. Aggiungere le seppie, i moscardini, i calamari, l'acqua, il sale e il pepe; posizionare il *Varoma* sul coperchio e cuocere per 30', temp. Varoma, Vel.1. Tostare le fette di pane in cassetta, strofinarle con uno spicchio d'aglio e versare sopra il brodetto di pesce.

8.3.7.6   Nasello Alla Siciliana

Ingredienti: 500gr di filetto di nasello; 300gr di zucchine; 20gr di capperi; 300gr di pomodori; 30gr di cipolla; 50gr di olio d'oliva; 70gr di olive verdi; sale e pepe q.b.

Procedimento: Tagliare a rondelle le zucchine e la cipolla. Ungere il *Varoma* con olio e introdurre nell'ordine: uno strato di cipolle, uno di zucchine affettate, i filetti di nasello e i pomodori a pezzetti, un secondo strato di zucchine e infine le olive tagliate a rondelle e i capperi. Insaporire con un pizzico di sale e pepe. Mettere nel boccale l'aglio e l'olio (3', 100°, Vel.3), aggiungere i pomodori, posizionare il *Varoma* sul coperchio e far cuocere per 20' a temp. Varoma, Vel.2. Adagiare su un piatto da portata il nasello e le verdure e condire con il sughetto.

8.3.7.7   Baccalà Alla Livornese

Ingredienti: 700gr di baccalà bagnato; 500gr di pomodoro pelato; 100gr di sedano; 100gr di cipolla; olive nere snocciolate, sale e pepe q.b.
Procedimento: ungere il *Varoma* con l'olio e adagiarvi i pezzi di baccalà; mettere poi nel boccale le carote, le cipolle, il sedano e tritare (10'', Vel.4). Aggiungere i pomodori pelati e le olive nere, posizionare il *Varoma* sul coperchio e far cuocere per 20' a temp. Varoma, Vel.2. Adagiare i filetti di baccalà su un piatto da portata e condire con il sugo.

8.3.7.8   Filetti Di Pesce Persico Con Pomodorini Ciliegia

Ingredienti: 500gr di filetti di pesce persico; 500gr di acqua; 12 pomodorini a ciliegia; 1 spicchio d'aglio; 50gr di vino bianco; prezzemolo; sale q.b.
Procedimento: adagiare i filetti di pesce persico nel Varoma, precedentemente unto di olio, e condirli con i pomodorini tagliati a metà, il sale e l'aglio tritato. Mettere nel boccale l'acqua e il vino bianco. Posizionare il *Varoma* sul coperchio e cuocere per 20' a temp. Varoma, Vel.1. Servire i filetti conditi con l'olio crudo e cospargere di prezzemolo tritato.

8.3.7.9   Filetti Di Nasello All'arancia

Ingredienti: 4 filetti di nasello; 100gr di olive nere snocciolate e sgocciolate; 50gr di cipolla; 1 spicchio di aglio; 100gr di olio; succo di un'arancia; succo di 1 limone; buccia di un'arancia; sale e pepe q.b.
Procedimento: ungere i filetti di nasello con l'olio e disporli nel *Varoma* conditi con sale e pepe. Inserire nel boccale le olive, l'aglio, la cipolla e la buccia dell'arancia (10'', Vel.4). Aggiungere il succo dell'arancia e del limone (30'', Vel.3). Mettere da parte la salsina. Senza lavare il boccale inserire l'acqua, posizionare il *Varoma* sul coperchio e far cuocere per 30' a temp. Varoma, Vel.1. Rivestire un piatto da portata con foglie di lattuga, adagiarvi i filetti di nasello e condirli con la salsina di arancia.

8.3.7.10   Baccalà Mantecato

Ingredienti: 800gr di baccalà bagnato; 50gr di olio di oliva; 80gr di acciughe sott'olio; 30gr di cipolla; 300gr di latte; 1 spicchio di aglio; 50gr di vino bianco; prezzemolo; sale q.b.
Procedimento: inserire nel boccale la cipolla e l'aglio e far soffriggere nell'olio per 3' a 100°, Vel.4. Aggiungere il baccalà tagliato a pezzi spellato e spinato, il vino bianco e le acciughe: 10', 90°, Vel.1. Infine incorporare il latte e il sale: 20', 100°, Vel.1. A fine cottura, mettere il composto in una teglia da forno, cospargere di prezzemolo tritato e cuocere in forno preriscaldato per 5' a 180°.

8.3.7.11   Naselli In Umido Con Salsa Di Funghi

Ingredienti: 4 filetti di nasello (o merluzzetti o sgombri); 300gr di acqua; 50gr di cipolla; 20gr di capperi; 20gr di funghi secchi ammollati; 1 spicchio di aglio; 2 acciughe salate; 20gr di farina; prezzemolo.
Procedimento: adagiare i filetti di nasello nel *Varoma* precedentemente unto di olio. Tritare il prezzemolo (30'' Vel.4), aggiungere la cipolla, l'aglio e l'olio (3', 100° Vel.4), quindi unire le acciughe tagliate a pezzi, i capperi e i funghi (2', 100°, Vel.1). Versare l'acqua nel boccale, posizionare il *Varoma* sul coperchio e cuocere per 20' a temp. Varoma, Vel.1. Quando i filetti sono cotti adagiarli sopra un piatto da portata. Fare addensare il sughetto di funghi aggiungendo la farina (2', 100° Vel.2) e condire i filetti. Spolverizzare di prezzemolo tritato.

8.3.7.12   Bauletti Di Nasello

Ingredienti: 500gr di filetti di nasello; 100gr di prosciutto cotto; 30gr di sedano; 30gr di carota; 30gr di cipolla; 50gr di olio; 200gr di acqua; 200gr di vino bianco; 1 spicchio d'aglio.

Procedimento: tagliare i filetti di nasello a pezzi più o meno della stessa grandezza, avvolgerli con il prosciutto cotto e sistemarli nel *Varoma* precedentemente unto d'olio. Mettere nel boccale la cipolla, la carota, il sedano e l'aglio (10'' Vel.6). Aggiungere l'olio e soffriggere per 3' a 100° Vel.2. Aggiungere l'acqua e il vino, posizionare il *Varoma* sul coperchio e cuocere per 30' a temp. Varoma, Vel.1. Ultimata la cottura, sistemate i bauletti sopra un piatto da portata e condirli con la salsina.

8.3.8   Pesce Di Acqua Dolce O Di Fiume

8.3.8.1   Zuppa Di Trota Salmonata

Ingredienti: 250gr di filetti di trota salmonata e salmone; 1 l. di brodo di pesce (acqua e dado); 300gr di patate; 50gr di cipolla; 200gr di panna da cucina; 20gr di burro; prezzemolo; sale e pepe q.b.

Procedimento: tagliare a pezzetti i filetti di pesce e a dadini le patate. Buttare, con le lame in movimento, la cipolla e tritare per 10'' Vel.4. Posizionare la farfalla. Aggiungere prima il brodo e le patate (15', 100°, Vel.1); e unire i pezzetti di pesce, e cuocere per 10' a 100° Vel.1. Durante l'ultimo minuto di cottura unire la panna, il prezzemolo tritato, il sale, il pepe e il burro. Servire caldo.

8.3.8.2   Fusilli Al Salmone E Pisellini

Ingredienti: 500gr di fusilli; 200gr di salmone; 200gr di pisellini surgelati; 30gr di cipolla; 30gr di olio; 2 pomodori pelati; 100gr di vino bianco; prezzemolo; sale e pepe q.b.

Procedimento: soffriggere la cipolla nell'olio (3', 100°, Vel.4), aggiungere i pomodori, il sale e il pepe (2' 100° Vel.3). Unire i piselli (5' 100°, Vel.1). Irrorare con il vino bianco e far evaporare per 10' a 100° Vel.1. Nel frattempo pulire il salmone fresco e tagliarlo grossolanamente, quindi versarlo nel sugo e cuocere per 10' a 100° Vel.1. Togliere il sugo dal boccale, senza lavarlo, mettere l'acqua e il sale (12', 100° Vel.1). Quando l'acqua bolle aggiungere la pasta e cuocere per i minuti richiesti a 100° Vel.1. Si possono usare i piselli freschi al posto di quelli surgelati, ma bisogna aggiungere un po' di acqua durante la cottura.

8.3.8.3   Trotelle In Insalata

Ingredienti: 2 filetti di trota salmonata; 3 uova sode, un mis. Di olio; un mazzetto di asparagi; 50gr di panna da cucina; 20gr di aceto bianco; 1 porro; 50gr di carota; 2 foglie di alloro; 1 limone; prezzemolo; 500gr di acqua; sale e pepe q.b.

Procedimento: ungere il vassoio del *Varoma* e il Varoma, quindi adagiare su ciascuno un filetto di trota e un po' di asparagi. Mettere nel boccale l'acqua, le carote tagliate a fette, il porro, la scorretta di limone; posizionare il *Varoma* sul coperchio e cuocere per 20' a temp. Varoma, Vel.1. A cottura ultimata, sminuzzare i filetti di trota e gli asparagi e adagiarli sopra un piatto da portata precedentemente rivestito con foglie di lattuga. Dopo aver tolto dal boccale l'acqua con le verdure, tritare il prezzemolo (20'', Vel.4) e metterlo da parte. Senza lavare il boccale versare l'olio, la panna, l'aceto, il sale e il pepe (20'' ve. 4). Versare questa emulsione sulle trote aiutandosi con un cucchiaio e cospargere di prezzemolo tritato. Guarnire il piatto con le uova sode tagliate a spicchi.

8.3.8.4   Trote Al Vapore Con Patate

Ingredienti: 4 trote; 700gr di patate; 800gr di acqua; rosmarino; salvia; alloro; sale e pepe q.b.

Procedimento: adagiare le trote, condite con gli aromi, nel *Varoma* precedentemente unto di olio. Mettere nel boccale l'acqua, immergervi il cestello riempito con le patate tagliate a dadini e posizionare il *Varoma* sul coperchio (30', temp. Varoma, Vel.3). Adagiare su un piatto da portata le trote e le patate.

8.3.8.5 Salmone Al Grattino

Ingredienti: 4 tranci di salmone 50gr pane duro 30gr capperi prezzemolo peperoncino 1 spicchio aglio 50gr olio 500gr acqua origano sale pepe.

Procedimento: adagiare il salmone nel *varoma* precedentemente unto di olio tritare nel boccale il pane i capperi il prezzemolo il peperoncino l'aglio il sale il pepe e l'origano 20sec. Vel.6 aggiungere l'olio e amalgamare 10 sec, Vel.6.spalmare questa salsina sui tranci di salmone.Senza lavare il boccale mettere l'acqua posizionare il *varoma* e cuocere per 20**min.** temp. *varoma* Vel.2.

8.3.8.6 Salmone In Insalata

Ingredienti: 700gr di salmone; 200gr di funghi; 50gr di carota; 50gr di sedano; 30gr di cipolla; olio; succo di limone; sale e pepe q.b.

Procedimento: affettare sottilmente i funghi e metterli a macerare per 20' in una emulsione preparata con olio, succo di limone, prezzemolo fresco, sale e pepe. Tagliare a pezzi la verdura e metterla nel boccale insieme con l'acqua. Adagiare i tranci di salmone nel *Varoma* precedentemente unto di olio; posizionarlo sul coperchio e cuocere per 15' a temp. Varoma, Vel.1. A fine cottura spinare e spellare il salmone e unirlo ai funghi marinati. Lasciare insaporire per 30' quindi servire freddo e guarnito con scaglie di parmigiano.

8.3.8.7 Trota Farcita

Ingredienti: 300gr di trota salmonata; 50gr di vino bianco; 1 l. di brodo (acqua e dado); 200gr di insalata russa; 50gr di maionese (come ricetta base).

Procedimento: sistemare la trota nel *Varoma* precedentemente unto di olio. Mettere nel boccale il vino bianco e il brodo di pesce. Posizionare il *Varoma* sul coperchio e cuocere per 20', temp. Varoma, Vel.1. Lasciare raffreddare la trota, quindi aprirla delicatamente a metà, togliere la spina dorsale ed eliminare le lische. Spalmare la trota di insalata russa, ricomporla e decorarla con maionese e ciuffi di prezzemolo.

8.3.8.8 Salmone Al Pepe E Ginepro

Ingredienti: 4 tranci di salmone fresco; 4 bacche di ginepro; 100gr di vino bianco; 100gr di acqua; 1 spicchio di aglio; prezzemolo, basilico; sale e pepe in gran q.b.

Procedimento: adagiare i filetti di salmone nel *Varoma* precedentemente unto di olio. Distribuire uniformemente sul salmone il pepe in grani, le bacche di ginepro schiacciate, il prezzemolo e il basilico tritati. Mettere nel boccale il vino e l'acqua; posizionare il *Varoma* sul coperchio e cuocere per 20' a temp. Varoma, Vel.1. Adagiare i tranci di salmone sopra un piatto da portata e servirli caldissimi.

8.3.8.9 Salmone Mimosa

Ingredienti: 700gr di filetto di salmone fresco; 4 uova sode; 50gr di olio; 2 spicchi di aglio; 20gr di cipolla; 50gr di carota; 2 foglie di alloro; succo di un limone; 1 l. di acqua; sale e pepe q.b.

Procedimento: frullare per 40'' a Vel.6 il limone, l'olio, il sale, il pepe e il prezzemolo. Mettere da parte. Tritare grossolanamente per 30'' Vel.3 le uova sode e metterle da parte. Disporre filetti di salmone nel cestello. Senza lavare il boccale versarvi l'acqua, il sale, le carote a pezzi, la cipolla, l'aglio e l'alloro; immergere il cestello e cuocere per 10' a 100° Vel.2. A fine cottura togliere il cestello, scolare bene e sistemare i filetti di salmone sopra un piatto da portata. Distribuire uniformemente le uova sode tritate sul salmone e condire con la salsina di limone. Spolverizzare di pepe.

8.3.8.10 Salmone Decorato

Ingredienti: 1 kg.- di tranci di salmone; 100gr di vino bianco; ½ litro di brodo di pesce (acqua e dado bimby); 100gr di carote; 50gr di cipolla; 5'0gr di sedano; 100gr di burro; 200gr di gamberetti; 50gr di panna da cucina; 30gr di farina; 250gr di latte; 1 limone; sale e pepe in grani q.b.

Procedimento: adagiare il salmone nel *Varoma* e i gamberetti nel cestello. Mettere nel boccale il brodo di pesce e il vino bianco, quindi immergervi il cestello e posizionare il *Varoma* sul coperchio (30', temp. Varoma, Vel.2). Terminata la cottura adagiare il salmone su un piatto da portata. Lasciare nel boccale 250gr di brodo e unirvi il burro e 50gr di gamberetti (30'' Vel.6). Aggiungere la farina e il latte e cuocere per 7' a 80° Vel.3. A fine cottura amalgamare la panna (2' Vel.3), salare e pepare. Versare un po' di questa salsina sul pesce dopo averlo decorato con fette di limone e contornato di gamberetti. Mettere la rimanente salsina in una salsiera e servire.

8.3.8.11 Tranci Di Salmone All'imperiale

Ingredienti: 4 fette di salmone; 100gr di vino bianco; 250gr di brodo (acqua e dado bimby); 30gr di cipolla; 70gr di burro; 2 uova sode; 30gr di fecola; 1 limone.
Procedimento: ungere il *Varoma* di olio e adagiarvi i tranci di salmone conditi con il prezzemolo tritato. Mettere nle boccale il prezzemolo, il dragoncello, la cipolla e il sale; posizionare il *Varoma* sul coperchio e cuocere per 30' a temp. Varoma, Vel.1. Filtrare il brodo di cottura e metterlo da parte. Mettere nel boccale i tuorli d'uovo sodi, il succo di limone, la fecola e il burro (10'', Vel.4); aggiungere il brodo e amalgamare per 15'' Vel.4. Disporre i tranci di salmone in una teglia da forno, versare il sugo preparato, e infornare per 10' in forno preriscaldato a 180°. Guarnire con ciuffi di prezzemolo.

8.3.8.12 Trota Farcita Al Prosciutto

Ingredienti: 1 kg. di trote (4 trote piccole); prezzemolo; prosciutto crudo 8 fette; 1 mis. di aceto; 300gr di carote; 1 mis. di parmigiano grattugiato; 300gr di acqua; peperoncino; sale q.b.
Procedimento: tritare nel boccale il prezzemolo (30'' Vel.4), aggiungere il parmigiano, il peperoncino, il sale, l'aceto e l'olio (30'' Vel.5). Con questo impasto farcire le trote, avvolgerle nelle fette di prosciutto crudo e adagiarle nel Varoma. Tagliare a rondelle spesse le carote, metterle nel cestello, versare l'acqua nel boccale e inserire il cestello. Posizionare il *Varoma* sul coperchio e cuocere per 30' a temp. Varoma, Vel.3. Servire le trote insieme con le carote condite con sale, pepe e un filo d'olio crudo.

8.3.8.13 Trota Salmonata A Varoma

Ingredienti: 1 trota salmonata; 400gr di acqua; 40gr di olio; 2 pomodori; 1 spicchio di aglio; 500gr di patate; 20gr di maizena; timo; sale q.b.
Procedimento: tritare il prezzemolo. Mettere nel boccale l'acqua, l'aglio, l'olio, i pomodori, il timo e il sale. Tagliare a fettine le carote e sistemarle nel cestello. Sistemare la trota sul vassoio e le patate tagliate a pezzi nel Varoma. Inserire il cestello nel boccale e posizionare il *Varoma* sul coperchio (30' temp. Varoma, Vel.1). A fine cottura togliere il *Varoma* e il cestello. Aggiungere al brodetto la maizena e cuocere per 2' a 80° Vel.3. Servire il pesce condito con la salsina e cosparso di prezzemolo tritato (20'' Vel.4). Accompagnare con un contorno di patate e carote.

8.3.8.14 Filetti Di Trota Al Vino

Ingredienti: 4 filetti di trota; 100gr di vino bianco; 1 porro; 20gr di cipolla; 30gr di carota; ½ spicchio di aglio; 50gr di olio di oliva; timo, prezzemolo; alloro; sale e pepe q.b.
Procedimento: tritare nel boccale l'aglio, la cipolla, la carota a pezzi e il porro (30'' Vel.6). Unire l'olio e soffriggere (3' a 100°, Vel.3). Mettere i filetti di trota nel *Varoma* precedentemente unto di olio, conditi con il prezzemolo tritato, il timo e le foglie di alloro. Aggiungere nel boccale il vino, posizionare il *Varoma* e cuocere per 15' a temp. Varoma, Vel.3. Adagiare i filetti di trota sopra un piatto da portata e condirli con la salsa. Servirli caldi.

8.3.9   Consigli Dalle Tre Sedi Pugliesi

8.3.9.1   Orata Alla Pugliese

Ingredienti: 2 orate (600gr circa); 1 kg. Di patate; 3 spicchi di aglio; prezzemolo; 50gr di pecorino grattugiato; 60gr di olio; 100gr di vino bianco; 200gr di acqua; sale e pepe q.b.

Procedimento: buttare, con le lame in movimento, il prezzemolo e l'aglio e tritare per 20'' a Vel.6. Versare in una ciotola metà del trito. Mettere nel boccale l'olio e preparare il soffritto: 3' 100°, Vel.1. Intanto preparare nel *Varoma* uno strato di patate tagliate a fette e condite con il prezzemolo tritato e il pecorino, quindi adagiarvi le orate salate e pepate. Ricoprire il pesce con un altro strato di patate condite come prima. Mettere nel boccale il vino bianco e l'acqua, posizionare il *Varoma* sul coperchio e far cuocere per 20' a temp. Varoma, Vel.1. Servire le orate condite con il sughetto di cottura.

8.3.9.2   Riso Con Salsa Di Acciughe

Ingredienti: 500gr di riso; 600gr di acciughe fresche; 30gr di scalogno (o cipolla); ½ mis. di vino bianco; 2 spicchi di aglio; 50gr di olio d'oliva; 1 litro di brodo; (acqua e dado di pesce o vegetale bimby); prezzemolo.

Procedimento: pulire le acciughe, lavarle e tagliarle a pezzetti. Mettere nel boccale l'aglio, lo scalogno, il peperoncino e l'olio (3', 100° Vel.4); unire i pezzetti di acciuga e far insaporire per 2' a 100° Vel.1. Dopo aver posizionato la farfalla aggiungere il riso e tostarlo per 5' a 100° Vel.1. Versare il vino bianco e farlo evaporare per 1' a Vel.1. Unire il brodo e cuocere per 15' a 100°, Vel.1. Prima di servire il risotto, guarnire con prezzemolo fresco tritato.

8.3.9.3   Crocchette Di Pesce Con Salsa Al Pomodoro

Ingredienti: 500gr di filetto di nasello; 2 uova intere; 1 spicchio di aglio; 50gr di parmigiano; 50gr di pangrattato. Per la besciamella: 30gr di burro; 50gr di farina; ½ litro di latte; sale e pepe q.b. Per la salsa: 500gr di pomodori pelati; 1 spicchio di aglio; 50gr di olio; 30gr di cipolla.

Procedimento: Sistemare i filetti di nasello nel *Varoma* precedentemente unto di olio. Soffriggere nel boccale l'olio, l'aglio e la cipolla (3min. 100° Vel.4); aggiungere i pomodori pelati e schiacciati, il sale e il pepe; posizionare il *Varoma* sul coperchio e cuocere per 20**min.** a temp. *Varoma* Vel.3. Togliere il sugo dal boccale e metterlo da parte e sistemare il nasello su un piatto. Senza lavare il boccale preparare la besciamella con il burro, la farina, il latte (7min. 80° Vel.2). Salare e pepare. Far raffreddare e aggiungere i tuorli d'uovo, la polpa di pesce sminuzzata, il formaggio e il prezzemolo tritato (30sec. Vel.4). Con l'iimpasto ottenuto, che deve risultare omogeneo, preparare delle palline; passarle nell'albume leggermente sbattuto e nel pangrattato. Friggere le crocchette in abbondante olio. Allineare le crocchette in un piatto da portata e coprirle con la salsa di pomodoro. Guarnire con prezzemolo fresco tritato.

Osservazioni: Per questa preparazione possiamo utilizzare anche altri tipi di pesci bianchi bolliti.

8.3.9.4   Zuppa Del Pescatore

Ingredienti: 1 kg. di frutti di mare misti (cozze e vongole); 200gr di patate; 50gr di cipolla; 30gr di burro; 200gr di panna da cucina; prezzemolo; 1 l. di acqua; chiodi di garofano; sale q.b. **Procedimento:** soffriggere nel boccale la cipolla con il burro (3' 100° Vel.4), aggiungere le patate pelate e tagliate a cubetti e rosolare per 2' a 100° Vel.1. Versare l'acqua, posizionare il Varoma, riempito con i frutti di mare, sul coperchio e cuocere per 15' a temp. Varoma, Vel.1. Quando le cozze si saranno aperte togliere i frutti dal guscio, versarne la metà circa nel boccale e tritare per 1' a 100° Vel.4. Unire la panna (30'' Vel.4) e mettere in una zuppiera insieme con le cozze rimaste intere. Profumare con il prezzemolo tritato e i chiodi di garofano.

8.3.9.5 Filetti Di Sogliola Al Dragoncello

Ingredienti: 4 filetti di sogliola; 50gr di cipolla o scalogno; 50gr di olio; 200gr di vino bianco; 100gr di panna; 50gr di farina; 2 tuorli d'uovo; 20gr di dragoncello essiccato; succo di limone; sale e pepe q.b. **Procedimento:** d adagiare i filetti di sogliola nel *Varoma* precedentemente unto di olio. Soffriggere la cipolla con l'olio (3', 100°, Vel.4); aggiungere il vino bianco. Posizionare il *Varoma* sul coperchio e far cuocere per 10' a temp. Varoma, Vel.2. Mettere i filetti di sogliola in una teglia. Nel boccale aggiungere al liquido di cottura del pesce, la farina e la panna: 5' 90°, Vel.3. Infine unire i tuorli d'uovo, il dragoncello e poche gocce di succo di limone (20'', Vel.4). Versare questa salsa sui filetti di sogliola e infornare per 12' a 180°. Servire caldi.

8.3.9.6 Risotto Con Seppioline

Ingredienti: 600gr di seppioline; 500gr di riso; 100gr di vino bianco; 900gr di acqua; 50gr di cipolla; 1 spicchio di aglio; 1 mis. di passata di pomodoro (o 6 pomodori pelati); 100gr di olio; prezzemolo tritato; sale e pepe q.b.

Procedimento: soffriggere l'aglio e la cipolla nell'olio (3' 100° Vel.3); aggiungere la passata di pomodoro e cuocere per 5' 100° Vel.1. Posizionare la farfalla. Aggiungere le seppie e cuocerle per 5' a 100° Vel.1. Infine versare l'acqua: 15' 100° Vel.1. Salare q.b.. Versare in una risottiera e guarnire con prezzemolo tritato. Spolverizzare di pepe.

8.3.9.7 Paté Di Trota In Gelatina

Ingredienti: 200gr di filetti di trota affumicata; 50gr di formaggio cremoso; 150gr di formaggio di capra; 50gr di burro; 2 scalogni medi; 50gr di olio di oliva; ½ mis. di acqua; succo di ½ limone; poche gocce di tabasco; 20gr di capperi; prezzemolo; zenzero in polvere; 1 confezione di gelatina granulare.

Procedimento: preparare la gelatina seguendo le istruzioni riportate sulla confezione. Prendere una pirofila di media grandezza e coprirne il fondo, facendo uno strato di un paio di centimetri di gelatina. Mettere nel congelatore e aspettare che si addensi. Nel frattempo far ammorbidire gli scalogni (precedentemente tritati a Vel.7 per 20'') con olio e acqua 5', 100°, Vel.1. Salare. Aggiungere tutti gli altri ingredienti rimasti e omogeneizzare per 30'' a Vel.5. A questo punto prendere la pirofila dal freezer e mettere uno strato di paté sulla gelatina, quindi versare un altro strato di gelatina e far rapprendere in freezer. Procedere così finchè saranno finiti gli ingredienti.

8.3.9.8 Pescatrice Ai Funghi

Ingredienti: 800gr di pescatrice; 400gr di funghi; 100gr di cipolla; 150gr di carote; 100gr di vino bianco; 50gr di olio; 6 pomodorini; 1 spicchio di aglio;: 10 olive nere snocciolate; prezzemolo; sale e pepe q.b.

Procedimento: tritare le carote, la cipolla e l'aglio (10'' Vel.4); aggiungere l'olio e soffriggere per 3' a 100° Vel.4. Posizionare la farfalla e versare i funghi e il vino. Ungere il *Varoma* di olio e adagiarvi la pescatrice condita con il prezzemolo tritato, i pomodorini tagliati a pezzi, le olive il sale e il pepe. Posizionare il *Varoma* sul coperchio e cuocere per 30' a temp. Varoma, Vel.1. Adagiare la pescatrice sopra un piatto da portata e condire con il sughetto ottenuto.

8.3.9.9 Insalata Di Mare

Ingredienti: 300gr di cozze; 200gr di gamberi; 100gr di moscardini; 100gr di seppioline; 200gr di anelli di calamari; prezzemolo; 50gr di olio; 20gr di cipolla; 2 spicchi di aglio; 100gr di vino bianco; 100gr di acqua; succo di limone; sale e pepe q.b.

Procedimento: inserire nel boccale la cipolla, l'aglio e l'olio (3' 100° Vel.4); aggiungere i moscardini, le seppioline e gli anelli di calamari e far insaporire per 2' a 100° Vel.1. Bagnare con il vino (1' 100° Vel.1); quindi aggiungere l'acqua. Posizionare il *Varoma* sul coperchio e cuocere per 20' a temp. Varoma, Vel.1. Foderare una ciotola di vetro con le foglie di lattuga e versarvi le cozze con tutto il guscio, i moscardini, le seppioline, i calamari e i gamberi sgusciati. Condire con il pepe, il prezzemolo, il succo di limone e un filo di olio crudo. Controllare il liquido di cottura. Se fosse necessario aggiungere l'acqua.

8.3.9.10 Filetti Di Rombo Alla Pugliese

Ingredienti: 1 kg. di filetti di rombo (2 rombi); ½ mis. di olio; 1 spicchio di aglio; 150gr di acqua; 600gr di pomodorini; prezzemolo; sale q.b.

Procedimento: adagiare un filetto di rombo nel *Varoma* e uno sul vassoio. Tritare l'aglio e il prezzemolo (1', Vel.4); aggiungere l'olio e il peperoncino e soffriggere per 3' 100° Vel.1. Unire i pomodorini: 10'' Vel.3. Versare l'acqua, posizionare il *Varoma* sul coperchio e cuocere per 20' a temp. Varoma, Vel.1. Adagiare i filetti di rombo sopra un piatto da portata e condire con la salsina preparata.

8.3.9.11 Ravioli Con Sugo Di Pesce Al Porto

Ingredienti: 400gr di ravioli con ripieno di pesce; 300gr di cozze; 16 capesante; 1 scatola di polpa di granchio al naturale; 50gr di olio; 30gr di scalogno (o cipolla); 1 spicchio di aglio; 1 bustina di zafferano; 150gr di panna da cucina; aneto;sale e pepe q.b.

Procedimento: mettere l'acqua nel boccale e posizionare il Varoma, riempito di cozze e di capesante sul coperchio (10' temp. Varoma, Vel.1). Quando le cozze si saranno aperte, togliere il frutto dal guscio. Buttare l'acqua della cottura. Soffriggere nel boccale lo scalogno con l'olio e l'aglio (3' 100° Vel.4); posizionare la farfalla; versare le cozze e le capesante e insaporire per 10' a 80° Vel.1. Unire la panna, lo zafferano, la polpa di granchio tagliata a pezzetti e cuocere per 5' a 80°, Vel.1. Lessare i ravioli in acqua salata, condirli con il sugo e spolverizzare con aneto tritato.

8.3.9.12 Seppioline Gratinate

Ingredienti: 1 kg. di seppioline; 1 uovo; 100gr di pane raffermo; 1 spicchio di aglio; prezzemolo; 10 cozze nere; 500gr di acqua.

Procedimento: mettere l'acqua nel boccale e posizionare il Varoma, riempito con le cozze: 15', temp. Varoma, Vel.2. Estrarre il frutto delle cozze e metterlo da parte insieme con l'acqua di cottura. Tritare il prezzemolo, il pane e l'aglio (10'', . Vel.Turbo), pi mettere da parte 3 cucchiai di questo gratin, nel restante aggiungere il frutto delle cozze e l'uovo (10'' Vel.5). Riempire le seppie con l'impasto ottenuto e disporle nel Varoma. Versare nel boccale l'acqua delle cozze ed eventualmente aggiungere dell'altra (in tutto deve essere 500gr). Posizionare il *Varoma* sul coperchio e cuocere per 20', temp. Varoma, Vel.1. Nel frattempo spargere un po' di gratin, condito con un filo d'olio d'oliva crudo, sul fondo di una teglia, adagiare le seppie, e spargere il rimanente gratin. Condire ancora con un filo d'olio e infornare per 10' a 180°.

8.3.9.13 Ravioli Di Pesce

Ingredienti: l'impasto: 200gr di farina; 2 uova; 20gr di olio. Per il ripieno: 300gr di polpa di nasello o coda di rospo; 1 panino raffermo; 150gr di burro; 20gr di parmigiano grattugiato; 2 spicchi di aglio; prezzemolo, sale e pepe q.b.; noce moscata; 1 uovo; 500gr di acqua.

Procedimento: mettere nel boccale la farina, le uova e l'olio: 20'' Vel.6. Avvolgere la pasta ottenuta in un tovagliolo e lasciare riposare per 20'. Ammollare la mollica di pane nell'acqua e poi strizzarla. Adagiare la polpa del pesce nel Varoma, precedentemente unto di olio. Mettere nel boccale l'acqua, posizionare il *Varoma* sul coperchio e cuocere per 15' a temp. Varoma, Vel.1. Togliere l'acqua dal boccale e scolare il pesce. Amalgamare nel boccale l'uovo, il sale, il pepe e la noce moscata (10'' Vel.5); aggiungere la polpa del pesce e tritare per 30'' a Vel.5. Unire la mollica di pane e il parmigiano grattugiato (30'' Vel.6). Dividere la pasta a metà e preparare due sfoglie sottili. Su una delle due distribuire, formando delle file regolari, dei mucchietti di ripieno (grandi quanto un cucchiaino da caffè). Coprire con l'altra sfoglia di pasta e tagliare i ravioli. Lessarli e condire semplicemente con un soffritto di burro e aglio: 3', 100° Vel.1. Cospargere di prezzemolo fresco tritato prima di servire.

8.3.9.14 Seppie E Carciofi

Ingredienti: 1 kg. di seppie; 4 carciofi; 60gr di olio; 30gr di cipolla; 100gr di vino bianco; 1 spicchio di aglio; prezzemolo; peperoncino; sale q.b.

Procedimento: tagliare a listerelle le seppie. Pulire i carciofi e tagliarli a spicchi. Mettere nel boccale l'aglio, l'olio e la cipolla: 3' a 100° Vel.4. Unire i carciofi a rosolare per 3' a 100° Vel.1. Posizionare la farfalla. Aggiungere le listerelle di seppie (5', 100° Vel.1). Bagnare con il vino bianco, aggiungere il peperoncino tritato e continuare la cottura per 20' a 100° Vel.1. Cospargere di prezzemolo crudo tritato finemente, spruzzare con succo di limone e servire.

Siamo Arrivati Alla Conclusione

Ci Complimentiamo Con Te Per Aver Scelto Questo Libretto !

Sei Rimasto Soddisfatto ? Allora Ti invitiamo a Lasciare

Un FeedBack Positivo a 5 Stelle !

Grazie Di Cuore :)

DISCLAIMER

The author is not a licensed practitioner, physician, or medical professional and offers no medical diagnoses, treatments, suggestions, or counseling. The information presented herein has not been evaluated by the U.S. Food and Drug Administration, and it is not intended to diagnose, treat, cure, or prevent any disease. Full medical clearance from a licensed physician should be obtained before beginning or modifying any diet, exercise, or lifestyle program, and physicians should be informed of all nutritional changes.

The author/owner claims no responsibility to any person or entity for any liability, loss, or damage caused or alleged to be caused directly or indirectly as a result of the use, application, or interpretation of the information presented herein.

CPSIA information can be obtained
at www.ICGtesting.com
Printed in the USA
BVHW050543020621
608547BV00004BA/815